리더십
탐독

내 책상 위의 위대한 멘토

리더십 탐독

로버트 S. 캐플런 지음 | 정지현 옮김

마인드
빌딩

질문을 멈추지 말라고 가르쳐주신 부모님과
지난 몇 세대 동안 우리의 질문할 권리를 지켜준
모든 사람에게 바칩니다.

올바른 질문을 던지는 리더만이 살아남는다

사람들은 위대한 리더는 모든 답을 알고 있다고 생각한다. 어떤 상황에서든 해결 방법을 본능적으로 안다고 믿는다. 궤도에서 벗어나지 않는 방법, 직원들이 공동의 목표를 향해 뛰도록 동기를 부여하는 방법, 조직을 효율적으로 구성하고 사업을 추진하는 방법 같은 것 말이다.

또한 사람들은 뛰어난 리더가 남다른 재능과 통찰력, 카리스마를 가지고 태어났다고 믿는다. 훌륭한 리더는 자신에 대한 확고한 믿음을 갖고 있고, 태어날 때부터 그런 사람이었다고 여긴다.

커다란 장애물을 요리조리 피하고, 혼란과는 거리가 멀며, 실패자라는 자괴감도 느끼지 않고, 회사의 구석구석까지 전부 살피며, 미래를 내다보는 재주를 타고나 성공의 사다리를 척척 올라가 리더로 성공하는 소수의 부류가 존재한다고 믿는다.

그럴듯한 이야기지만 내 생각은 다르다. 나는 기업 간부로, 그리고 하버드 비즈니스 스쿨 교수로 25년 이상 여러 가지 사업을 이끌었고, 수많은 고위 간부들과 새로운 리더들에게 조언을 해왔다. 그 과정에서 내 실수는 물론이고 간부들의 업무 효율성을 높여주거나 반대로 성과를 떨어뜨리는 행동이 무엇인지 등 리더십에 대한 커다란 통찰을 얻었다.

내가 깨달은 것은 성공한 리더도 예외 없이 혼란과 좌절을 느끼고, 자신과 자신의 선택을 의심한다는 사실이다. 그들은 자신이 리더 자리에 어울리지 않는다고 느낀다. 다른 리더들은 아무런 고민이나 성찰 없이 척척 일을 처리하는 것처럼 보이는데 왜 자신만 그런지 의아하다. 그들은 혼자 외로이 답을 찾으려고 발버둥친다. 겉으로는 자신감에 차 있는 듯이 보여도 마음속으로는 큰 불안감을 느낀다.

성공한 리더들은 다른 리더들의 마음도 똑같다는 사실을 믿지 못한다. 그들은 의심하는 듯한 태도로 이렇게 묻는다.

"그게 사실이라면 성공한 리더와 그렇지 못한 리더의 차이는 무엇입니까?"

마침내 잠재력을 발휘하는 사람과 그러지 못하는 사람의 가장 큰 차이는 혼란스럽고 불확실한 상황에 대처하는 방식에서 찾을 수 있다. 그 비결은 어려움을 아예 피하는 것이 아니라 한 발짝 물러서서 진단하고 조정하며 앞으로 나아가는 데 있다.

정상에 선 사람은 외롭기 마련이다

물론 이를 행동에 옮기는 것은 매우 어려운 일이다. 리더는 높은 자리에 올라가 최종적으로 조직의 최고경영자CEO가 되면, 시기적절하고 건설적인 피드백을 얻거나, 정확하게 자기인식을 하거나, 일찌감치 위험을 경고하는 경보 시스템을 마련하기가 어려워진다. 리더의 행동을 면밀하게 관찰하는 상급자가 아예 없거나 매우 소수인 경우가 많다. 그래서 리더가 처음으로 자신의 성과에 대한 평가를 받을 수 있는 기회는 상사의 연말 평가가 유일하다. CEO일 경우에는 비즈니스에 큰 차질이 생겼을 때 이사회를 통해서일 것이다. 안타깝게도 그때쯤에는 비즈니스가 입은 막대한 손실이나 자신의 커리어에 흠집이 나는 것을 막기에는 너무 늦었을 수 있다. 이것이 바로 높은 자리에 있는 사람이 고독한 이유이다.

나 역시 이 딜레마를 직접 경험했고, 특히 하버드에서 강의를 시작한 후로 다른 간부들에게서도 이런 모습을 수도 없이 보았다. 나는 경험을 통해 리더의 역할을 제대로 하는 최고의 방법은 한걸음 뒤로 물러나 올바른 질문을 떠올리고 상황을 깊이 성찰하는 것임을 알게 되었다. 통찰력을 얻고, 상황을 조정하며, 앞으로 나아가는 방법을 알려주는 질문을 던져야 하는 것이다.

올바른 질문 만들기

다시 말하지만 성공한 리더라고 해서 모든 답을 알고 있는 것은 아니다. 대신 기업은 물론 자신을 위해 문제를 인식하고, 진단하며, 행동 계획을 세우는 데 도움이 되는 중요한 질문을 언제, 어떻게 해야 하는지 잘 안다. 이런 방법으로 어려움을 해결하고 회사를 지켜 자신의 자리를 확고히 한다.

나는 리더들이 한 발짝 물러서 상황을 진단하고 앞으로 나아가는 데 필요한 노하우를 알려주고자 한다. 수많은 리더들이 질문하는 태도를 습관화해 결국에는 자신에게 맞춤화된 질문 방식을 습득하고 발전시키는 것을 지켜봤다. 덕분에 그들은 내가 더 이상 도와주지 않아도 온전히 자기의 힘으로 중요한 질문을 던질 수 있었다.

리더는 필요한 질문의 목록을 만들고, 효과적인 질문 절차를 마련하며, 토론 과정을 준비해야 하고, 이를 상황에 맞게 사용해야 한다. 개개인의 특징과 현재의 경력, 업계와 조직의 니즈에 맞도록 말이다. 리더들이 다양한 상황에서 체계적으로 핵심 질문을 만들고, 난관에 효과적으로 대처한 여러 가지 사례는 뒤에서 소개하도록 하겠다.

중요한 질문을 언제, 어떻게 해야 하는지 알면 젊은 리더는 물론 베테랑 리더도 조직과 자신의 경력에 대한 주인의식이 한층 더 커진다.

모든 문제의 정답을 아는 것보다 훨씬 중요한 것은, 주요 사안을 체계적으로 정리하여 올바른 질문을 던지는 것이다. 실제로 내 경험상, 리더가 올바른 질문을 던지고 탐구하고자 하는 자세를 갖고 있으면 불현듯 깨달음의 순간이 찾아온다.

머릿속에 전구를 켜주는 것과 같은 질문을 받은 적이 있는가? 가끔은 핵심을 찌르는 질문을 받고, 그에 대한 답을 생각해보는 것만으로도 생각이 정리되고, 새롭게 나아가야 할 길을 찾을 수 있다.

그러므로 리더의 도전과제는 첫째, 올바른 질문을 만드는 것과 둘째, 현재의 상황에서 한걸음 물러나 질문을 던지는 습관을 들이는 것, 이 두 가지이다.

문제 해결의 실마리

이 접근법을 사용하기 위해 조직의 리더들이 살펴봐야 할 7가지 기본적인 주제들을 정리했다. 이제부터 이 중요한 주제들을 하나씩 다루면서 그와 관련한 제대로 된 질문을 던지고 그에 적절히 답하는 방법을 살펴볼 것이다.

자신과 조직에 대해 잘 안다고 확신하는 사람도 이 접근법을 제대로 사용하기 위해서는 더 많은 질문과 성찰이 필요하다. 또한 이 질문들은 한 가지를 해결했다고 그대로 끝나는 것이 아니라, 그에 대한 답이 차곡차곡 쌓여 다음 질문에 답하기 쉽도록 도와주는 특징이 있다. 즉 첫 번째 질문을 제대로 분석하고 그에 적절히 답하면, 다음 질문에 대한 답을 찾기가 훨씬 더 쉬워진다.

이 책에서 살펴볼 주제들은 다음과 같다.

첫 번째는 비전과 우선순위다.

이는 기업의 가장 중요한 토대이다. 조직과 거기서 일하는 사람들이 혼란스러워하거나 오해가 없도록 회사의 비전과 우선순위를 정확하게 알려줘야 한다.

보통 비즈니스에서 발생하는 문제는 비전과 우선순위에 대한 혼란으로 인한 것이 많다. 1장에서는 비전의 중요성과, 그것을 만들고 업데이트하는 방법을 알아본다. 또한 리더가 목표와 계획을 달성하도록 도와주는 관리 가능한 우선순위 목록을 만드는 방법도 살펴볼 것이다.

두 번째는 시간 관리다.

자신이 시간을 어떻게 사용하는지 생각해본 적이 있는가? 비전이나 우선순위에 따라 시간을 사용하고 있는가? 능력 있는 리더라도 핵심 우선순위에 맞춰 시간을 배분하지 않으면 막대한 희생을 치를 수도 있다. 2장에서는 시간 사용과 비전이 일치하지 않을 때 어떤 문제가 발생하는지 알아보고, 가장 중요한 우선순위에 먼저 시간을 할애하는 방법을 살펴본다.

세 번째는 코칭과 피드백이다.

비전과 우선순위가 확실하게 정해졌다면 다음으로 할 일은 사람들을 효과적으로 코칭하는 것이다. 리더들은 코칭의 중요성을 알고 있지만 직원들을 제대로 코칭하지 못한다. 게다가 리더 자신도 탁월한 성과를 내기 위해서는 누군가로부터 비판적인 코칭을 받을 필요가 있는데, 그러지 못하는 경우가 많다. 3장에서는 인재 관리에 따르는 몇 가지 위험과 오해를 살피고, 코칭과 관련한 다른 접근 방식도 찾아본다.

네 번째는 승계와 위임이다.

핵심 인재의 개발을 위해 노력하고 있는가? 사업 성장에 도움이 되는 방향으로 인재를 배치하고, 코칭하며, 추가로 선발하는가? 그들에게 핵심 업무를 위임하는가? 4장에서는 리더가 인적 자본을 구축하고 개발하는 데 필요한 질문을 다룬다. 리더가 조직의 가장 중요한 우선순위에 집중할 시간을 확보하기 위해서는 왜 반드시 업무를 위임해야 하는지도 살펴본다.

다섯 번째는 평가와 일치다.

조직의 체계와 리더십 스타일이 현재의 비즈니스에 맞춰져 있는가? 한때 효과적이었지만 업데이트나 수정 혹은 폐기가 시급한 관행을 고수하고 있지는 않은가? 이 문제를 다루기 위해서는 어떤 절차를 거쳐야 하는가? 여기서는 성공을 유지하기 위해 리더가 반드시 마주하고 효과적으로 처리해야 하는 가장 어려운 문제를 다룬다.

여섯 번째는 역할 모델로서의 리더다.

말보다 중요한 것은 행동이다. 자신의 행동이 직원들에게 어떤 메시지를 전달하는가? 리더나 간부들의 행동이 말과 모순되지는 않는가? 많은 새로운 리더들은 물론이고 고위 간부들도 그들의 행동이 직원들에게 어떤 영향을 끼치는지 잘 알지 못한다. 6장에서는 역할 모델의 의미를 알아보고, 리더가 조직의 훌륭한 역할 모델이 되기 위해 던져야 하는 중요한 질문을 살펴본다.

일곱 번째는 최대 역량을 발휘하는 방법이다.

자신의 강점과 약점을 알고 있는가? 직원들이 잠재력을 발휘하도록 도와주는 학습 환경을 제공하고 있는가? 허심탄회한 토론을 장려하고 정의와 공정성을 바탕으로 한 문화를 만들기 위해 노력하는가? 그렇지 않다면, 그것은 조직과 성과에 어떤 영향을 미치는가? 7장에서는 리더 자신을 이해하고 관리해 최고의 역량을 발휘하고, 직원들도 그런 리더를 따르도록 만드는 방법을 살펴본다. 이 중요한 작업을 하는 데 도움이 되는 구체적인 방법도 소개한다.

이 모든 접근법은 리더가 자신과 조직에 대한 진정한 통찰을 얻도록 도와주기 위한 것이다. 장기적으로는 시간을 정해두고 질문을 던지는 습관을 길러주기 위함이다. 건설적으로 문제를 체계화하고,

한 발짝 물러서서 통찰을 얻으며, 그를 바탕으로 행동하면 리더와 함께 조직이 발전할 수 있다. 마지막으로 8장에서는 리더가 일상적으로 이러한 접근법을 사용하도록 만드는 방법을 소개한다.

질문하고 생각하고 실천하라

특별히 크게 와닿는 질문과 접근법이 있는 반면, 자신의 상황과 경험에 따라 그렇지 않은 것들도 있을 것이다. 선호도와 리더십 스타일에 따라 이 책이 소개하는 것보다 더 적절한 질문을 직접 고안할 수도 있다. 무엇보다 중요한 것은, 조직과 비즈니스에 부합하고 자신의 성격에도 맞는 질문을 찾아 현재 상황에 적용하는 습관을 기르는 일이다. 이 접근법이 상황이나 미래가 불확실하다고 느낄 때나 기술과 경력, 회사를 키우는 과정에서 값진 도구가 되었으면 한다.

이 책이 유능하고 탁월한 리더가 되기 위해 내면을 성찰하고 깨달음을 얻는, 힘들고도 보람 있는 여정을 헤쳐나가는 데 좋은 안내서 역할을 해줄 수 있었으면 좋겠다.

1장. 무엇을 기준으로 결정할 것인가
- 비전과 우선순위

2장. 시간을 어떻게 배분하고 활용할 것인가
- 시간관리

3장. 어떻게 배우고 발전하는 조직을 만들 것인가?
- 코칭과 피드백

4장. 필요한 사람을 어떻게 키울 것인가
- 승계와 위임

5장. 현재 상태를 어떻게 평가하고 바꿀 것인가
- 평가와 일치

6장. 조직의 인재상을 어떻게 정립할 것인가
- 역할 모델

7장. 어떻게 자신부터 더 좋은 사람이 될 것인가
- 역량 발휘

8장. 제대로 질문하는 리더가 성장하는 조직을 만든다 - 균형 잡힌 리더

1장

무엇을
기준으로
결정할 것인가

비전과 우선순위

．
．
．

기업을 위한 명확한 비전이 있는가?

그 비전을 달성하기 위한 우선순위를 정했는가?

비전과 우선순위를 직원들에게 정확하게 설명했는가?

．
．
．

홀륭한 리더는 항상 다음과 같은 질문을 던진다.

"내 꿈은 무엇인가?"

기업이 장차 달성하기를 바라는 목표는 무엇인가? 이 조직은 어떤 점에서 특별한가? 내 소중한 시간을 왜 이곳에 써야 하는가? 직원들과 투자자들이 잘 이해하도록 내 목표를 명확하고 효과적으로 전달할 수 있는가?

나는 경험을 통해 유능한 리더와 그가 이끄는 조직은 서로 비전을 공유할 때 성공할 수 있다는 사실을 깨달았다. 분명한 목표는 직원들이 한곳을 보도록 만들고, 리더가 원하는 방향으로 이끈다. 또한 직원들이 출근해 최선을 다해 일하고 싶어지도록 동기를 부여한다! 시간과 정성을 들여 비전을 세심하게 다듬는 것은 조직의 성공에 꼭 필요한 일이다. 미국의 유명한 야구 감독 요기 베라_{Yogi Berra}는 이렇게 말한 것으로 유명하다.

"어디로 가는지 알면 목적지에 도착하기가 훨씬 쉬워진다."

비즈니스에는 시간과 다른 자원이 항상 부족하므로 중요한 결정을 내리기 전에 목표를 분명히 해야 한다. 이 장에서는 비전의 중요성을 살펴보고, 몇 가지 예를 살펴본 후, 기업에 훌륭한 등대가 되어주는 비전을 정하는 방법을 소개하겠다.

물론 비전만으로는 충분하지 않다. 그를 위해 해야 하는 중요한 업무의 우선순위도 정해야 한다. 우선순위는 비전 달성을 위해 반드시 수행해야만 하는 작업을 알려준다. 우선순위를 정하고, 꼭 필요한 트레이드오프 결정을 내리며, 정기적으로 그런 우선순위를 업데이트하는 다양한 접근법도 살펴보겠다.

비전과 우선순위는 적극적으로 알려야 한다. 비전과 우선순위를 효과적으로 전달해야 직원들을 비롯한 중요한 투자자들이 리더의 꿈이 무엇인지, 조직의 목표를 달성하기 위해 그들이 어느 곳에 집중해야 하는지 확실히 알 수 있다.

또한 비전과 우선순위는 현실적이고 역동적이어야 한다. 따라서 비전과 우선순위를 특정 지역이나 사업 부문에 맞게 조정하고, 변화하는 세상이 주는 시련을 극복하기 위해 꾸준히 업데이트할 필요가 있다.

비전이란 무엇인가

비전은 리더가 기업을 어떤 방향으로 이끌어 갈 것인지 분명하게 보여준다.[1] 5년 후에 어떤 모습을 꿈꾸는가? 이 조직이 어떻게 발전하길 바라는가?

비전을 정할 때는 세심한 분석이 필요하고, 자신만이 갖고 있는 역량을 잘 살펴야 한다. 당신의 경쟁 우위는 무엇인가? 타 기업과의 차이점은?

사무용품 유통 기업의 새로운 CEO는 내게 기업을 성공으로 이끌 수 있도록 도와달라고 부탁했다. 사무용품 유통 사업은 그녀의 집안이 3대째 해온 사업으로 100퍼센트 가족 소유였다. 처음 만난 자리에서 나는 그녀에게 어떤 비전을 갖고 있느냐고 물었다.

"사무용품 사업이란 게 첨단사업도 아니고, 비전이니 포부니 하는 말과는 별로 어울리지 않는다고 생각합니다"라 그녀가 말했다.

"그럼 이 회사의 강점은 무엇이죠? 사람들이 다른 제품이 아닌 당신 회사의 제품을 사야 하는 특별한 이유가 있나요? 이 사업의 목표는 무엇입니까?"

그녀는 즉시 이렇게 대답했다. "첫째, 우리는 개인이 아니라 기관이나 기업만을 상대합니다. 미국 북동부를 중심으로 오랫동안 거래한 고객들이 많죠. 우리는 다양한 구색을 갖춰 고객이 원스톱으로 필요한 물건을 구입할 수 있도록 합니다. 최저가는 아니지만, 다양한 구색, 훌륭한 서비스, 긴급한 주문에 대응하는 능력, 그리고 맞춤식 요구를 처리하는 서비스 정신 면에서 다른 기업과는 차원이 다릅니다. 우리는 고객이 꼭 필요로 하는 서비스를 제공한다는 자부심을 갖고 있어요."

그녀의 대답을 통해 이 회사의 리더들은 수십 년에 걸쳐 이 회사만 제공할 수 있는 서비스를 개발하고, 그것이 제대로 자리잡도록 하기 위해 노력해왔음을 알 수 있다. 이 회사는 고객에게 명확한 가치 제안을 하고, CEO와 직원들은 오늘도 그 비전을 이루기 위해 열심히 노력하고 있었다. 그들은 효율적인 업무 처리에 큰 자부심을 느꼈다.

추가로 사업의 향후 방향을 논의하면서 그녀는 비전을 재평가하고 업데이트하고 다시 분명하게 표현해야 한다는 사실을 깨달았다. 특히 입사한 지 3년이 안 된 직원들이 많다는 것을 감안할 때 이는 꼭 필요한 일이었다. 게다가 최근에 업계에 일어난 몇 가지 변화에 대한 대응책을 찾지 않으면 이 회사의 강점이 사라져버릴 위험이 있었다. 그녀는 직원들이 회사의 목표를 제대로 알고 자신과 함께 그를 달성하기 위해 노력하기를 원했다.

돈보다 중요한 것

직원이나 협력사 등이 잠재력을 발휘하려면 야망이 바탕이 되어야 한다. 물론 돈이 좋은 동기가 될 수 있지만 내가 관찰한 바에 의하면 사람들은 돈을 위해 일할 때 결국은 녹초가 되어 열정을 잃기 마련이다. 이를 타개하기 위해서는 개인을 초월하는 거대한 목표가 필요하다. 훌륭한 기업을 만드는 것, 세상에 선한 영향력을 미치는 것, 혹은 단순히 업계 최고의 기업을 만드는 것 등이 그 예다.

인간은 사회적인 동물로, 어딘가에 소속되기를 원한다. 훌륭한 일을 하는 조직의 구성원이 되어 보람을 느끼고자 한다. 화려한 경력을 가진 유능한 사람들이 왜 상대적으로 보상이 적은 연방 검사의 길을 택할까? 왜 어떤 사람들은 교사가 될까? 왜 군인이 되어 나라를 위해 목숨을 바칠까? 단순한 금전적인 보상보다 더 크고 의미 있는 무언가를 원하기 때문이다.

사람들은 자신이 하는 일에 자부심을 느끼고 싶어 한다. 물론 보상도 원하지만 조직의 일원이 되어 최선을 다해 일하려면 금전 말고 다른 이유가 필요하다. 그런 이유가 없다면 금방 다른 곳으로 옮겨가 버릴 것이다.

목표에 대한 분명한 그림은 리더와 직원들에게 아침에 잠자리에서 벌떡 일어나고, 출근해서 열심히 일할 이유가 된다. 목표의 달성은 사람들에게 만족감을 주고 만족감은 더욱 열심히 일하도록 만드는 동인이 된다.

돈은 어떤 역할을 할까? 돈은 목표를 달성하면 자연히 뒤따른다. 그리고 사람들을 리더가 원하는 방향으로 이끌 수 있다. 위대한 조직은 단기 이익을 창출하지만, 기업의 명성과 이미지를 위해서는 트레이드오프tradeoff(어느 것을 얻으려면 반드시 다른 것을 희생해야 하는 경제 관계-옮긴이)도 필요하다. 도움이 필요한 고객에게 한걸음 양보하면 단기적으로는 손해지만 관계가 견고해지고 장기적으로는 이익 증대와 비전의 달성으로 이어지는 것처럼 말이다.

모든 중요한 결정의 기준

명확한 비전은 트레이드오프 결정을 내릴 때 중요한 기준이 된다. 또한 리더의 중요성을 보여주고, 리더가 내리는 모든 결정에 영향을 끼친다. 리더가 무엇을 하고, 하지 않을 것인지를 알려준다. 그것은 모든 중요한 결정이 통과해야만 하는 프리즘이나 마찬가지다.

좀 더 구체적으로 말하면, 비전은 리더와 모든 직원의 의사결정에 지침이 된다. 어떤 사람들을 고객으로 삼을지, 어떤 제품과 서비스를 제공할지, 누구를 채용할지, 조직과 보상 체계를 어떻게 짤 것인지, 어떤 기업 문화를 조성할 것인지, 어떤 리더십 스타일을 따라야 하는지 등. 비전을 세우면 이 모든 중요한 의사결정에 도움이 되고, 직원들도 리더가 세운 중요한 목표의 달성을 위해 집중할 수 있다.

크고 작은 훌륭한 조직을 주의 깊게 관찰해보면 명확한 비전을 중심으로 짜여 있음을 알 수 있다. 비전이 명확하면 CEO나 리더들은 어떤 일을 하거나 하지 않을지, 어떤 결정을 내린 이유가 무엇인지 자신 있게 설명할 수 있다.

위대한 조직의 직원들에게도 비슷한 자신감과 열정, 자부심을 찾아볼 수 있다. 비전이 그들의 행동을 이끈다. 보통 그들이 거두는 성공과 수익은 비전을 달성하기 위해 노력하는 과정에서 나오는 부산물이다.

반대로 궤도에서 벗어난 기업은 비전이 불분명하고 불확실하다. 과거에는 일관성 있는 야망이 있었을지 모르지만 부족한 리더십이나 환경 변화, 기타 요인 때문에 이제는 회사가 어디로 가고 있는지 그리고 어떤 일에 집중해야 하는지 제대로 파악하지 못한다. 그런 기업은 다음과 같은 질문들과 씨름한다.

- 고객에게 특별한 고부가가치 상품을 제공하고 있는가? 아니면 결과가 고객에게 이익이 되지 않아도 수익 창출만을 좇을 것인가?
- 혁신과 신제품 개발을 여전히 가장 중요하게 생각하는가? 아니면 분기별 수익 달성을 위해 그런 노력을 중단해야 하는가?
- 과거에는 조직 전체가 가치나 고객과 지역 사회에 도움이 되는 비전을 중시했으나 현재는 수익 창출을 더 중시하지는 않는가?

조직이 궤도에서 벗어나면 리더나 혹은 때로는 발 빠른 이사회가 고유의 역량과 핵심 가치를 기반으로 명확하게 비전을 정리할 때까지 혼란에서 벗어나지 못한다.

다시 말해, '우리가 누구이고 어디로 가는지' 알려주는 납득할 만한 새로운 정의가 필요하다.

명확한 비전의 힘

명확한 비전이 지닌 강력한 힘은 사람들을 움직인다. 비전이 영감을 주고 동기를 부여하며, 방향을 제시한 몇 가지 예를 살펴보자.

인종차별 철폐를 이끈 마틴 루서 킹

마틴 루서 킹Martin Luther King은 1963년 8월 28일 링컨 기념관 계단에서 이 유명한 연설을 했다. 하버드 비즈니스 스쿨에서는 명확한 비전이 갖는 힘을 보여주는 예로 종종 이 연설을 든다. 킹의 명연설은 오늘날 "나에게는 꿈이 있습니다I have a dream"라는 이름으로 불린다.

> 나에게는 꿈이 있습니다. 언젠가 조지아의 붉은 언덕 위에 옛 노예의 후손들과 옛 주인의 후손들이 형제애의 식탁에 함께 둘러앉는 날이 오리라는 꿈입니다.
>
> 나에게는 꿈이 있습니다. 언젠가는 불의와 억압의 열기에 시달리는 미시시피마저도 자유와 정의의 오아시스로 변하는 꿈입니다.
>
> 나에게는 꿈이 있습니다. 나의 네 아이들이 피부색이 아니라 인격으로 평

가받는 나라에 살게 되는 날이 오리라는 꿈입니다.[2]

킹은 원대한 비전을 설득력 있게 표현했다. 킹은 "우리의 창의적인 시위가 물리적 폭력으로 변질하도록 내버려 두어서는 안 됩니다"라고 강조했다. 백인이나 다른 여러 인종과 동맹을 맺을 필요가 있다는 점도 분명히 했다. "우리는 홀로 걸어갈 수 없습니다." 그와 동시에, 동맹의 필요성을 강조하면서도 그것이 다음과 같은 비전을 뒷받침해야 한다고 말했다.

"우리는 앞으로 나아갈 것을 맹세해야 합니다. 되돌아갈 수는 없습니다."

킹은 전국을 돌면서 수많은 연설에서 자신의 비전을 설파했다. 그의 비전은 조력자들과 추종자들에 의해 구체적인 이니셔티브와 우선순위로 바뀌기도 했다. 이는 당시에는 상상도 할 수 없는 결과를 가져왔다. 1964년에 공민권법Civil Rights Act이 통과되었는데, 미국 소수 민족 권리와 관련한 근본적인 변화가 일어난 것이다.

3억 달러의 후원금을 모은 마이애미 프로젝트

마이애미 프로젝트The Miami Project to Cure Paralysis는 척추 손상을 치료하는 것을 목표로 1984년에 시작되었다. 척추 손상과 관련한 연구가 드물었던 당시로서는 무모해 보이는 일이었다. 프로젝트의 설립자인 닉 부오니콘티Nick Buoniconti는 선뜻 행동에 나서지 못하는 사람들을 불러 모으기 위해서는 대담한 비전이 필요하다고 생각했다. 그는 사람들에게 척추 손상 환자들이 다시 걷는 미래를 그려보라고 제안했다. 그는 강연할 때마다 이 말을 반복했고, 마이애미 프로젝트 이름으로 발송하는 모든 우편물에도 이 말을 적어넣었다.

그리고 이 원대한 비전은 정말로 환자 가족들과 기부자들을 모으는 데 큰 도움이 되었다. 25년 후 마이애미 프로젝트는 3억 달러가 넘는 기금을 모았고, 척추 손상 치료에서 엄청난 성과를 거뒀다. 또한 현재 성공 가능성이 높은 여러 가지 치료법을 연구하고 있다. 모두 10년 혹은 20년 전에는 불가능해 보였던 일이다.

당시 척추 손상 치료법은 여전히 꿈처럼 여겨졌고, 너무나 대담한 비전이 조직에 불안감을 조성하기도 했다. 사실 마이애미 프로젝트는 아무도 돌보지 않는 '고아'나 마찬가지였다. 척추 손상이 비교적 드문 일인 까닭에 치료 시장의 규모가 작아서 학계나 제약회사 연구자들이 투자하기를 꺼리기 때문이다. 그래도 마이애미 프로젝트의 리더들은 분명하고 대담한 목표가 연구를 진전시키는 데 중요한 다양한 사람들을 불러 모으는 데 필수적이라는 사실을 확인했다.[3]

월드 시리즈에서 우승한 캔자스시티 로열스

미국 프로야구 구단 캔자스시티 로열스를 창단한 유잉 카우프만 Ewing Kauffman은 1969년 팀을 창단하면서 원대한 비전을 제시했다. 그는 5년 안에 캔자스시티가 월드 시리즈에 출전할 만큼 뛰어난 팀이 될 것이라고 장담했다. 팬, 선수, 직원 등 사람들에게 연설할 때마다 이 목표를 역설했다. 라디오와 텔레비전 인터뷰에서도 마찬가지였다.

하지만 그가 제시한 비전은 터무니없어 보였다. 캔자스시티에는 몇 년 동안 메이저 리그 팀이 없었다. 또한 다른 곳과 비교하면 캔자스시티는 작은 시장에 불과했다.

그래도 카우프만은 원대한 포부를 품어야 한다고 강조했다. 몇 년에 걸쳐서 비전을 일관되게 반복한 결과, 비전이 모든 행동의 바탕이 되었다. 그는 모든 측면에서 남보다 월등히 뛰어난 것이 중요하다고 말했는데, 이를 위해 모든 중요한 결정은 다음과 같은 매우 까다로운 질문을 통과해야만 했다.

"최고가 되겠다는 비전을 달성하는 데 도움이 되는가?"

선수 영입, 2군 시스템 설계, 시설, 단장 선정, 감독 선택 등 모든 것이 이 프리즘을 통과해야만 했다.

캔자스시티는 5년 안에 월드 시리즈에 진출하지는 못했지만 10년 내에는 성공했고, 1985년에는 월드 시리즈 우승을 거머쥐었다. 유잉 카우프만의 분명하고 설득력 있는 비전이 없었다면 불가능했을 일이다.

하나의 미국을 주창해 대통령이 된 오바마

2004년 민주당 전당대회에서 일리노이 출신의 무명 정치인이 기조연설을 했다. 그 연설에서 그는 다음과 같은 비전을 제시했다. "자유주의 미국도, 보수주의 미국도 없습니다. 통일된 미국만이 있을 뿐입니다. 흑인의 미국도, 백인의 미국도, 라틴계의 미국도, 아시아인의 미국도 아니라 통일된 미국만 있습니다."[4] 이 연설의 주인공은 바로 버락 오바마이다.

당면한 문제를 함께 해결하기 위해서는 힘을 합치는 것이 중요하다고 역설한 이 연설로 오바마는 미국 전역의 유명인사가 되었다. 그는 기회가 될 때마다 이 비전을 환기하고 강조했다. 2006년과 2008년 사이에 그는 이러한 비전에 대한 지지를 바탕으로 선거 운동 조직을 만들고, 정책팀을 꾸렸으며, 막대한 기부금을 모을 수 있었다. 그는 결국 민주당의 지명을 받았고, 2008년 대통령에 당선되었다. 오바마의 강력한 비전은 선거 운동을 조직하고 사람들을 동원하는 데 핵심적인 역할을 했다.

가난한 학생들을 명문고에 보낸 장학재단

1997년에 TEAK 장학재단TEAK Fellowship은 성적은 우수하지만 가정 형편이 어려운 뉴욕시의 중학생들도 부유한 또래들처럼 명문 고등학교에 들어갈 수 있도록 해야 한다는 비전을 바탕으로 설립되었다.[5]

이 조직은 이러한 비전을 실현하기 위해 꼼꼼하게 로드맵을 만들었다. 학부모와 장학생 후보들과의 긴밀한 협력하에 효과적인 입학과 재정 지원 절차를 마련했고, 집중 심사와 면접을 토대로 1년에 장학생 20명을 선발했다. 그리고 영어, 음악 등 학생들의 발전에 필수적인 과목들에 대한 집중적인 개인 지도 프로그램을 개발했다.

TEAK는 명확한 비전과 계획 덕분에 직원과 기부자, 강력한 이사회, 그리고 가장 중요한, 자격을 갖춘 학생들을 유치할 수 있었다. 그 결과 13년 후 미국 최고의 명문 고등학교와 대학을 졸업한 학생을 300명 이상 배출할 수 있었다.

동네의 작은 식당에도 비전이 있다

위대한 기업은 명확한 비전을 갖고 있다. 사실, 성공적인 기업에 비전이 없는 경우는 생각하기는 어렵다. 비전은 시간이 지나면서 진화할 가능성이 크지만 기업을 미래로 안내한다.

내가 사는 뉴욕에 한 식당이 있는데, 나는 이 소박한 식당에 15년째 단골이다. 주인이 식당 문을 연 것은 30년도 더 전의 일이다. 그가 꿈꾼 것은 오며 가며 찾기 쉬운 위치에 있고, 적당한 가격에 햄버거, 닭고기, 수프, 샐러드, 기본 아침 식사, 그리고 맛있는 커피와 빠른 서비스를 제공하는 친근한 동네 식당을 만드는 것이었다. 오늘날 주인과 직원들이 내리는 모든 중요한 의사결정은 여전히 이 비전에 부합한다. 최소한의 직원, 수수료 절감을 위한 현금 거래, 예약이 필요 없는 넓은 카운터 등.

이 식당이 거둔 성공도 주인이 세운 비전에서 비롯되었다. 물론 식당 주인은 이렇게 거창하게 생각하지 않겠지만 이 식당의 운영 방식에는 확실히 비전이 녹아들어 있다.

비전 세우기 연습

비전을 분명하게 표현하는 것이 중요하다는 사실에 동의한다면, 다음 단계는 어떻게 비전을 개발할 것인지 고민하는 것이다. 나는 수많은 리더와 경영진과 함께 이 중요한 목표를 이루기 위해 노력했다. 리더와 간부들은 대개 큰 포부를 갖고 있다. 비결은 그것을 찾아 명확하게 정리해 글로 적는 것이다.

이 작업을 할 때 나는 보통 이런 질문을 던지고, 사람들의 대답을 칠판이나 화이트보드에 적는다.

- 이 조직에서 일하는 이유는 무엇인가? 왜 하필 이곳인가? 이 조직의 어떤 점이 마음에 드는가?
- 이곳에서 30년 동안 일한 이유를 가까운 사람들에게 뭐라고 말하겠는가? 다른 곳에서 일할 수도 있었는데 굳이 이곳을 선택한 이유는 무엇인가? 이 조직은 어떤 대의를 이루고 업적을 달성했는가?
- 이 기업이 10년 후에 어떤 모습이었으면 좋겠는가? 그때 이 기업이 어떤 목표를 달성했기를 바라는가?
- 이 조직만의 고유한 역량은 무엇인가? 이 조직이 없다면 왜 세상에 손해인가?

사람들은 이런 질문을 받으면 상상력을 마음껏 펼치기 마련이므로 그들이 가진 꿈이 잘 드러난다. 이 방법은 CEO를 포함해 한 사람이 대화를 주도하는 것이 아니라, 모든 참가자가 발표하는 편안한 분위기에서 사용할 때 가장 효과적이다.

좀더 일찍 이야기를 꺼냈더라면!

내 경험에 비춰보면 오랜 동료들이 서로의 말에 귀 기울이면 놀라울 정도로 큰 깨달음을 얻게 된다. 그들은 의사결정과 관련한 자신들의 생각이 어리석었음을 처음으로 깨닫는다. 각자가 그리는 조직에 대한 비전이 동료들의 비전과 상충한다는 사실을 알지 못한 것이다. 그들은 이렇게 말하곤 한다. "자네가 왜 그 사업을 그렇게 밀어붙였는지 이제야 알겠군! 자네의 생각을 좀 더 일찍 알았더라면 아마 찬성했을 거야."

비전에 대해 토론하는 시간은 이렇듯 동료들이 서로를 더 잘 이해하고 존중하도록 만든다. 또한 간부들이 서로의 생각을 점검하고, 진정한 핵심역량에 다시 집중하게 만든다. 기업의 고유 역량은 시간이 지남에 따라 변화한다. 세상이 바뀌는 동안 과거의 경쟁 우위들은 약해지고, 새로운 역량이 강해지기 때문이다. 회사의 비전이 현재의 핵심역량을 제대로 반영하고 있는가? 이 토론을 하기 위해서는 많은 준비와 자기 성찰, 업데이트된 매크로 및 경쟁 분석이 요구된다.

모든 조직은 적어도 일 년에 한 번씩 비전을 다시 살피고 보강해야 한다. 외부 환경의 변화 등으로 인해 불확실성이 커지면 비전을 망각하기 쉽다. 이때야말로 이 토론이 가장 필요한 시간이다.

일부 경영진이 이를 꺼리는 이유는 무엇일까? 역경과 변화에 맞서 자신들을 방어해야 하기 때문이다. 그들은 우유부단하거나 불확실한 모습이 아니라, '정답을 아는 것처럼' 보이고 싶어 한다. 어쩌면 '부정'하고 싶은 마음이 들거나 '실수'가 생겼다는 사실을 마주하기가 두렵기 때문일 수도 있다. 하지만 리더들은 이를 의식하고 극복해야만 한다.

이 과정을 겪으면서 리더들은 고위 간부 사이의 비전 공유가 의사결정과 전략 수립, 트레이드오프에 얼마나 중요한지 깨닫는다. 그들은 보통 이런 반응을 보인다. "몇 년 전에 이렇게 했더라면 얼마나 좋았을까! 기나긴 토론과 의견 충돌과 혼란을 피할 수 있었을 텐데!" 이렇게 했더라면 자금을 아끼고, 경쟁 우위를 지키며, 성공에 필요한 핵심 이니셔티브에 집중할 수 있었을 것이다.

난관에 부딪힌 바이오테크 기업

한 바이오테크 기업의 CEO는 회사가 진행 중인 두 가지 신약 개발 연구에 큰 진전이 있어 만족스러웠지만 경영진 사이에서 계속되는 의견 불일치 때문에 마음이 몹시 답답했다. 무엇보다도 어떤 화합물을 추가로 개발해야 하는지 의견이 크게 갈렸다. 이로 인해 회사 내에 파벌까지 생겼는데, CEO는 이 난국을 어떻게 헤쳐나가야 할지 알 수 없었다.

한편 그는 회사의 자금 소진 속도와 미래의 연구 프로젝트를 고려할 때 내년에 반드시 추가로 자본을 조달해야만 한다고 생각했다. 합작 투자 사업Joint Venture이나 사모펀드, IPO(기업공개)의 형태를 취할 수도 있지만 그는 회사가 재원 확충을 위한 조치를 해야 한다고 생각했다. 이 문제를 두고 경영진 간에 의견 차이가 커 팽팽한 긴장감이 흘렀다. 벤처 파이낸싱이 끝난 지 얼마 되지도 않았는데 이렇게 빨리 또 자금을 조달하려고 하는 CEO의 진짜 의도가 무엇인지 의심하는 사람들이 많았다. CEO는 이 문제를 경영진과 함께 해결하지 못하는 자신이 무능력하다고 느꼈다.

나는 상황 설명을 듣고 나서 그에게 회사의 비전을 알려달라고 했다. 그는 시큰둥한 얼굴로 회사가 중요시하는 가치와 윤리 같은 상투적인 문구를 읊었다. 나는 그런 말로는 비전이 무엇인지 전혀 알 수 없다고 말했다.

짜증이 난 그는 다시 설명하려고 했다. 이번에는 상투적인 표현을 피하려고 고심하는 듯했다. 하지만 이어진 토론을 통해 그가 분명한 비전을 세우지 못했다는 사실이 드러났다. 상업적으로 판매 가능한 약을 만들고자 한다는 것은 확실했다. 회사를 키우고 돈을 벌려고 한다는 것도 분명했다. 그런데 약을 개발하고, 강한 회사를 만들고자 하는 이유는 무엇인가?

그는 화를 내면서 그게 왜 그렇게 중요하냐고 물었다. 회사에 생긴 문제를 의논하는 자리에서 자꾸 그 얘기를 하는 이유를 그는 이해하지 못했던 것이다. 내가 다시 찬찬히 이유를 설명해주자 차츰 그는 명확하고 설득력 있는 비전이 없어서 회사가 어려움을 겪고 있는 것인지도 모른다는 사실을 깨닫기 시작했다. CEO가 비전을 제대로 설명하지 못한다면, 경영진은 더 말할 것도 없을 터였다. 이런 상황에서는 회사의 미래가 걸린 중요한 의사결정에서 합의를 보기 어렵다.

나는 그에게 그와 고위 간부 15명이 참석해 함께 토론하는 자리를 마련할 것을 제안했다. 그 자리에서 나는 회의실 앞쪽에 화이트보드를 놓고 앞에서 소개한 질문들을 던졌다. 이 조직에서 일하는 이유는 무엇인가? 10년 후에 회사가 어떤 모습이었으면 좋겠는가? 그 위에 나는 이 회사가 처한 상황과 관련한 몇 가지 질문을 더 던진 후 참가자들이 저마다 의견을 제시하고 토론하는 모습을 관찰했다.

이러한 과정에서 그들은 큰 깨달음을 얻었다. 그들은 10년 동안 함께 했지만 서로에 대해 잘 알지 못한다는 것을 알았다. 자신들이 차츰 서로의 말에 귀를 기울이지 않게 되었다는 것도.

나는 그들이 발표한 내용을 바탕으로 화이트보드에 비전 선언문을 적어나갔다. 비전의 핵심은 '치료법을 찾기 위해 헌신하는 최고의 연구원들이 있는 회사를 만드는 것'이었다. 그것이 이 회사가 그토록 열심히 화합물을 개발하고 회사를 키우려고 노력하는 이유였다. 이 비전은 그들의 꿈은 물론이고 핵심역량에 대한 현실적인 평가에 근거한 것이었다. 나는 그들에게 화이트보드에 적힌 비전을 서로 평가하고 합의해서 다시 정리할 것을 제안했다.

이렇게 하는 데 2시간이나 걸렸다. 그다음에는 그들이 새롭게 다들은 비전을 달성하는 데 꼭 필요한 우선순위를 정하는 문제로 넘어갔다. 한 시간 동안 이어진 토론에서 어떤 약을 개발하고 또 어떤 약은 개발하지 않을지 합의가 이루어졌다. 치료제가 될 가능성이 큰 화합물이 어떤 것인지가 분명했으므로 그 화합물을 이용한 신약만 개발하기로 결론지었다. 언제, 어떻게 자금을 조달할 것인지도 합의했다. 그들은 비전 달성과 충분한 자본의 긴밀한 관계를 이해하게 되었다. 관리자들은 CEO가 왜 자금 조달을 밀어붙였는지도 공감할 수 있었다. 실제 치료법을 개발하려면 재정적인 여력이 반드시 있어야 하므로 자금 조달 여부가 아니라 그 방법이 문제였다.

비전에 대한 합의가 이루어지자 놀라울 정도로 순조롭게 중요한 문제들을 해결할 수 있었다. CEO는 자신들이 실질적인 문제 때문에 싸운 게 아니라 좀 더 근본적인 문제가 있었음을 깨달았다. 회사의 비전이 어떤 것이어야 하는지에 대해 각자의 생각이 달랐기 때문에 합의에 이를 수 없었던 것이다. 일단 그 부분에 대한 합의가 이루어지자 사소한 문제들은 비교적 쉽게 해결할 수 있었다. 그 후로 이 회사는 비전에 부합하는 전략을 추구해 큰 성공을 거두었다. 경영진에게 들은 바로는 리더들이 한 팀으로 일하자 시너지 효과가 나타나 문제를 마주하고 필요에 따라 조율하는 능력도 향상되었다고 한다.

나는 기업이나 조직, 정부에서 이런 상황을 수없이 목격했다. 그럴 때마다 리더들과 조직 전체가 공유하는 명확한 비전이 얼마나 큰 힘을 갖는지 확인했다. 명확한 비전은 갈등을 해결하고, 조직의 모든 계층에 진정으로 중요한 것에 대한 정보를 제공하며, 매우 강력한 동기를 부여한다. 앞의 사례에서 알 수 있듯이, 비전을 찾으면 다음 단계를 위한 토대가 만들어진다. 바로 핵심 우선순위를 찾는 일이다.

핵심 우선순위 찾기

비전은 이처럼 조직에 매우 중요한 의미를 갖는데 그를 실현하기 위해서는 구체적인 로드맵이 필요하다. 비전에는 리더와 조직이 꿈을 이루도록 해주는 관리 가능한 소수의 우선순위가 뒤따라야 한다. 핵심 우선순위는 조직의 비전을 달성하려면 동료들이 어떤 일을 해야 하는지 알려준다. 또한 우선순위가 담긴 목록을 정리해두면 엄청나게 많은 시간과 집중력을 투자해야 하는 핵심 과제가 무엇인지 알 수 있다.

의식적인 선택이 필요하다

우선순위를 정하기 위해서는 중요한 것을 선택하고, 그렇지 않은 것은 버릴 수밖에 없다. 하루는 24시간으로 한정되어 있고, 인적 자본과 금융 자본도 마찬가지이다. 따라서 핵심 우선순위를 정할 때는 다각도로 상황을 살피고, 여러 가지를 고려해야 한다. 차마 버리지 못해 이것저것 다 집어넣은 것을 우선순위라고 할 수는 없다.

일을 할 때 집중력을 높이기 위해서는 몇 가지에만 주의를 기울여야 한다. 우선순위가 많을수록 집중이 어려워지기 때문이다.

가장 중요한 것을 3~5가지로 추리고 거기에만 시간과 자원을 쏟아붓는 것은 생각만큼 쉽지 않다. 핵심 우선순위는 곧 리더가 집중해야 하는 과제가 된다. 따라서 암묵적으로 덜 중요한 일, 심지어 중요하지 않은 일을 골라내는 일이기도 하다.

이때 주요 과제를 1군, 2군, 3군으로 분류하면 편리하다. 1군은 성공하기 위해 리더가 훌륭하게 해내야만 하는 일이다. 2군은 꼭 해야만 하지만 반드시 최고 수준일 필요는 없는 일이다. 3군은 하면 좋지만 하지 않아도 큰일 나지 않는 일이다. 나는 '최선 vs 어느 수준'이라는 말을 자주 사용한다. 당신이 최선을 다해야 하는 과제는 무엇이고, 어느 정도 수준으로만 하면 되는 일은 무엇인가? 우선순위를 3~5개로 좁히려면 모든 과제를 이 세 가지로 분류하고 다음과 같은 질문에 답해야 한다.

"비전을 달성하기 위해 훌륭하게 처리해야 하는 중요한 과제는 무엇인가?"

영업팀의 우선순위

소비재 분야의 대기업 영업팀 총괄은 각 지사의 대표들이 지역별 판매 목표를 달성하지 못해 답답했다. 영업 실적을 올려야 한다는 큰 압박감을 느낀 그는 관리자들에게 불안감을 토로했다. 나는 그에게 영업 관리자들이 매출 증가를 위해 집중해야 하는 가장 중요한 3~5가지 우선순위가 무엇이냐고 물었다. 그의 대답은 이랬다. "글쎄요, 우선순위를 3~5가지로 줄이는 것은 불가능합니다. 우선순위가 적어도 15개는 되는데 그걸 어떻게 다섯 개로 줄이겠습니까."

아니, 다섯 개로도 줄일 수 없다니! 나는 내가 그와 함께 일한다면, 솔직히 어떤 일에 집중해야 할지 모를 것 같다고 말했다. 그는 내 말에 동의하지 않았다. 나는 영업 관리자들을 인터뷰했는데, 예상대로 그들은 총괄이 자신들에게 무엇을 바라는지 몰랐다. 그는 매출 증대를 위해 가장 중요한 작업의 우선순위를 정하려 하지 않았고, 그에게 자극을 받지 못하니 다른 관리자들도 모두 우선순위를 정하지 않았다. 나는 그들이 대수롭지 않은 일에 상당한 시간을 낭비하고 있다는 사실도 발견했다. 사실 관리자들은 내게 그런 일들이 판매 증가와 무슨 관련이 있는지 모르겠지만 어쨌든 회사 관행이라고 말했다.

영업팀 총괄은 이 문제에 대해 생각해보는 시간을 갖기로 했다. 몇 주 동안 심사숙고하고, 최고의 영업 관리자들과 상담도 하고, 그 자신의 경력도 뒤돌아봤다. 그리고 마침내 매출 성장 목표를 달성하는 데 중요한 네 가지 우선순위를 정할 수 있었다.

그중에서 가장 중요한 것은 대규모 고객 표적 기법을 사용해 마케팅이 필요한 고객들을 식별하고, 그들을 '공략'하기 위한 구체적인 범위와 전략 및 행동 계획을 고안하는 것이었다. 이 계획은 군더더기 없이 깔끔하고 손쉽게 실천에 옮길 수 있었다. 영업팀은 이 전략을 훌륭하게 실행했고, 판매 실적을 크게 높일 수 있었다. 알고 보니 이 기업의 매출(그리고 수익)의 80퍼센트가 대형 고객들한테서 나왔다. 하지만 그런 고객은 일반 고객보다 확보하기가 더 어려운 까닭에 영업팀은 크고 작은 고객에 똑같이 집중해왔다. 영업 관리자는 이를 개선하기 위해 대형 고객을 무조건 우선순위에 놓을 필요가 있었다. 그 위에 회사의 현재 판매 목표 달성과 큰 관련이 없고, 시간 소모적인 여러 가지 관행을 줄이도록 했다.

비전을 토대로 한 트레이드오프

거듭 말하지만, 우선순위가 15개이면 우선순위가 하나도 없는 것과 마찬가지이다. 팀이 가장 중시하는 우선순위는 몇 가지인가? 그중에서 오래된 것은 몇 가지인가? 리더는 비전을 실천에 옮기고 제대로 관리할 수 있을 정도로 우선순위를 소수로 유지해야 할 책임이 있다.

주요 우선순위의 예는 다음과 같다.

- **혁신과 신제품 개발:** 기업들은 새로운 제품과 서비스를 개발하는 탁월한 능력을 키우기 위해 자금은 물론, 많은 인적 자원을 할당할 용의가 있다. CEO와 경영진은 기꺼이 희생을 감수하고 인적 자원을 제공하고 이 기능의 중요성을 조직에 알린다. 그리고 '성공'을 측정하는 지표도 고안한다. 이 우선순위는 채용, 혁신을 이룩하고, 혁신에 대한 보상에 영향을 미친다. 또한 리더들은 혁신의 촉진을 위해 어떤 문화를 조성할

것인지 선택해야 한다. 그리고 이 우선순위를 달성하기 위한 모든 직원의 역할을 정할 필요가 있다.

- **고객 관계와 서비스:** 목표를 달성하기 위해서는 제품 개발은 물론이고, 얼마나 강력한 고객 관계를 구축해야 하는가? 고객과의 관계는 판매에 얼마나 중요한가? 고객의 니즈를 이해하고 해결책을 제공하는 것은? 우리는 제품을 만드는 기업인가, 고객에게 솔루션을 제공하는 기업인가, 아니면 둘 다인가? 우리의 고유 역량은 무엇인가? 다양한 제품을 합쳐서 문제를 해결할 것인가, 단일 제품 라인을 만들어 구체적인 니즈를 충족할 것인가? 여기에는 능력 있는 영업 사원을 모집하고, 영업팀을 조직하며, 보상을 재조정하는 이니셔티브 같은 우선순위가 있을 수 있다. 다음 장에서 살펴보겠지만 이런 우선순위는 CEO가 고객과의 관계에 투자해야 하는 시간도 결정할 것이다.

- **가격:** 우리는 저가 기업인가, 프리미엄 기업인가? 이는 기업의 유통 경로, 제품의 품질, 혁신 강도 등에 영향을 미친다. 저가 기업이라면, 제품 비용을 절감하는 것이 우선순위가 되어야한다. 프리미엄 가격을 겨냥한다면, 애플이 2001년에 자체 소매점 체인을 만든 것처럼 자체 유통 경로를 개발해 고객 경험을 보다 효과적으로 관리하는 이니셔티브가 필요할 것이다.[6]

- **최고의 인재 유치와 보유, 개발:** CEO는 채용과 코칭에 얼마나 많은 시간을 투자해야 하는가? 이 우선순위에는 핵심 사업

부의 목표 달성에 필요한 능력을 갖춘 인재를 찾고 채용하는 이니셔티브도 포함된다. 그리고 직급이 낮은 직원과 핵심 인재들을 교육하는 이니셔티브도 포함될 수 있다. 제너럴 일렉트릭은 이를 매우 중요한 우선순위로 정하고 목표 달성을 위해 크로톤빌 교육 센터를 설립하고 지원했다.[7] 마지막으로, 핵심 인재에 크게 의존하는 기업이라면 그들에 대한 코칭과 멘토링이 우선순위가 될 수 있다.

똑같은 방법은 효과가 없다

모든 기능과 사업부, 지역은 저마다 고유한 성격을 갖고 있다. 기업에는 핵심 비전과 공동의 우선순위가 필요하지만, 모든 부서는 저마다 조직의 성공을 위해 맡은 특정 역할에 맞게 비전과 우선순위를 조정해야만 한다.

예를 들어, 영업 부서의 우선순위는 고객 침투, 영업 성과, 서비스, 직원에 초점이 맞춰질 것이다. IT 부서는 모든 부서가 목표를 달성하는 데 필요한 기술 지원을 하는 방법에 방점을 찍을 것이다. 그리고 제조 부서에는 프로세스 개선과 제품의 품질 등과 관련한 주요 우선순위가 있을 수 있다.

일반적으로 기업은 전체를 아우르는 우선순위를 정하고, 그다음에 각 부서는 그를 핵심 우선순위로 바꾼다. 대부분의 기업에서 이러한 우선순위는 연간 사업 계획 과정을 통해 정해지고, 이를 조직 전체에 알린다.

글로벌 서비스 회사의 CEO는 아시아 태평양 지역의 사업에서 별다른 성과를 거두지 못하자 고민에 빠졌다. 그는 미국에서 큰 성공을 가져다준 전략을 쓰면 아시아에서도 성공을 거둘 수 있으리라고 믿었다.

처음에는 현지인을 리더로 고용하려고 했지만 그렇게 해서는 강력한 리더 팀을 구축할 수 없다는 사실을 깨달았다. 그래서 미국에서 여러 명의 관리자를 현지로 파견했다. 하지만 그 방법도 그다지 효과가 없었다. 미국에서 아시아로 파견되는 사람들이 5년 이상 머무르기를 꺼려서 결국은 5년마다 새로운 담당자를 보내야 하는 것도 문제였다. 다른 문제까지 합쳐져 그 회사의 현지 시장점유율은 미국이나 다른 국가의 경쟁사들에 비해 현저히 떨어졌다.

이 회사의 CEO는 이와 관련해 내게 조언을 청했다. 나는 그에게 아시아 태평양 지역 사업의 비전과 주요 우선순위를 말해달라고 했다. 그러자 그는 회사의 글로벌 우선순위를 보여주면서 모든 지사가 본사의 지시를 따른다고 했다. 나는 그 우선순위를 지역 문화와 비즈니스 환경, 경쟁 관계, 고객 니즈 등에 맞춰 얼마나 조정했느냐고 물었다. 그는 회사가 미국에서 효과가 있었던 전략을 그대로 아시아로 수출했다고 말했다. 그러면서 그것이 가장 성공적인 접근법이라고 강조했다.

우리는 함께 그 지역을 둘러본 뒤 며칠간 다시 이 문제를 논의했다. 그 여행 덕분에 그는 아시아 태평양 지역의 모든 국가가 여러 면에서 서로 다르고, 미국과는 전혀 다르다는 사실을 깨달았다. 문화가 다르고, 고객 니즈가 다르고, 고용 관행도 달랐다. 안타깝게도 이 기업은 그 차이를 간과했기에 지역에 맞게 전략을 조정하지 않았던 것이다.

우리는 몇 달간 지역의 특성을 고려해 전략을 수정했다. 리더들은 그 지역에 맞춰 따로 계획을 세우기로 다짐했다. 그들은 현지 인재를 고용하고, 그곳의 전문 인재들을 고위급 리더로 양성하는 것을 가장 중요한 우선순위로 삼기로 했다. 그 양성 과정의 핵심은 미국 본사에서 1~2년 정도 근무한 다음 현지로 돌아가 주요 직책을 맡는 것이었다. 이렇게 하면 현지 인재가 자신을 고용한 회사와 그 회사가 위치한 지역의 문화를 동시에 깊이 이해할 수 있다는 장점이 있었다. 또한 결과적으로 지사가 있는 해외 각국을 더 잘 이해하고, 현지 고객에 맞게 비즈니스 전략을 조정할 수 있을 터였다.

이 계획을 실행하는 데는 몇 년이 걸릴 것이다. 하지만 이 회사의 리더들은 자신들이 이제 더 큰 성공 가능성을 열어주고, 세계 시장에 대한 꿈을 실현해줄 길로 접어들었다고 확신했다.

과잉 의사소통은 필수다

리더는 일단 비전과 핵심 우선순위가 정해지면 그 내용을 전달하고, 과잉 소통해야 한다. 직원들은 회사 안팎에서 매일 상황이 어떻게 변화하는지 정확하게 알고 있다. 그것은 경제 상황의 변화일 수도 있고 경쟁사의 동향, 고객이나 소비자의 행동, 조직의 리더십 변화 또는 무수히 많은 다른 변수 중 하나일 수도 있다. 그렇기에 그들은 알고 싶어 한다. '우리의 비전은 그대로인가? 우선순위는? 나는 일하는 방식을 바꿔야 할까? 어떻게 해야 내가 도움이 될 수 있을까? 나는 어떻게 평가받을까? 시간의 압박에 쫓겨 즉석에서 결정을 내려야 한다면 어떻게 할 것인가? 상사에게 문의하기 어려울 때는? 중요한 결정을 내릴 수 있을 만큼 나는 상황을 잘 알고 있는가?'

리더들은 비전과 우선순위를 자주 환기하고 명확하게 설명하고 있다고 생각하겠지만 직원들이 필요로 하는 만큼은 아닐 확률이 높다.

규모가 크고 관리가 잘 되는 한 서비스 기업의 고위 간부들은 명확한 비전이 있고, 모든 부서에 맞게 간략히 정리한 소수의 핵심 우선순위를 갖고 있다는 자부심이 대단했다. 직원 설문조사에서도 만족도가 높게 나왔고, 질문 대부분에서 높은 점수가 나왔다.

그런데 예외가 하나 있었다. "당신은 부서와 회사 전체의 전략과 우선순위를 잘 알고 있습니까?" 이 질문에 대해서만큼은 놀라울 정도로 낮은 점수가 나왔다. 나는 그동안 함께 일한 기업들에서 이런 현상을 수없이 목격했다. 리더들은 이 질문에 대한 점수가 낮으면 당황한다. 비전과 우선순위를 정기적으로 철저하게 전달했다고 믿어 의심치 않기 때문이다.

이유가 무엇일까? 리더들이 직원들이 확실히 '이해'할 수 있도록 자주, 깊게 소통하지 않는 경우가 대부분이다. 사람들이 일상의 업무에 따르는 압박감 속에서도 회사의 목표 달성을 위해 자신이 해야 할 일이 무엇인지 정확히 알 수 있도록 비전을 전달해야 하는데, 그렇게 하지 못한 것이다. 분기별 또는 일 년에 두 번 열리는 전체 회의나 연례 보고서에 적힌 안내문, 회사 웹사이트의 한 페이지 정도로는 충분하지 않다.

변화의 시기에는 더 많은 소통이 필요하다

경제 상황이 일주일, 하루, 심지어 시간 단위로 바뀔 때는 소통 부족이 더욱 큰 문제가 된다. 불확실한 시기에는 리더가 의사소통을 제대로 하기가 더욱 어렵다. "뭐라고 말해야 할지 모르겠어요!" 하지만 그럴 때일수록 리더는 비전과 우신순위를 지나치다 싶을 만큼 자주 이야기해야만 한다. 불확실한 부분이 있다면 인정하라. 하지만 반드시 이 어려운 시기에 사람들이 어떤 일을 해야 하는지 정확히 알려줘야 한다.

직원들이 회사나 부서의 비전과 우선순위를 막힘 없이 이야기할 수 있는지 테스트해보기 바란다. 확실하게 알지 못하는 것 같다면 앞으로는 지금까지 비전과 우선순위를 이야기해온 횟수에 5를 곱하기 바란다. 다시 말하자면 기회가 있을 때마다 사람들을 만나 비전과 우선순위에 대한 이야기를 거듭하라. 어떤 질문에도 답할 준비가 되어 있고 혼란이나 불확실함, 오해를 풀도록 도와줄 준비가 되어 있다는 사실을 말로나 보디랭귀지를 통해 확실하게 보여주어야 한다.

그렇다면 얼마나 자주 그렇게 해야 할까? 나는 책임이 막중한 직책을 맡았을 때 반은 장난스럽게 '직원들이 내가 할 얘기를 예상하고 흉내 내기 시작할 때까지 반복하자'라고 생각했다. 직원들이 이렇게 할 때까지 비전과 우선순위를 거듭 강조하라. "대표님이 오고 계시네. 또 비전과 우선순위 A랑 B, C 얘기를 하시겠군!"

당신이 직접 전달할 뿐 아니라 고위 리더들도 직원들에게 그렇게 해야 한다. 전달할 '메시지'를 종이에 써서 가지고 다니거나 벽에 붙여 놓는 것도 좋은 방법이다. 이렇게 하면 조직이 비전과 관련 우선순위를 중심으로 힘을 모을 수 있다.

비전과 우선순위는 언제든 바뀔 수 있다

마지막으로 알아야 할 것은 비전과 우선순위가 고정적이지 않다는 것이다. 우선순위는 특정한 도전과 기회에 따라 자주 바뀐다. 그러나 비전은 바람이 조금 분다고 해서 달라져서는 안 되며, 어려운 시기에도 일관적이어야 한다. 하지만 결국에는 비전도 다시 생각해봐야 할 때가 온다. 세상은 바뀌기 마련이고, 조직은 그 변화에 적응할 필요가 있기 때문이다.

낭포성 섬유증 재단Cystic Fibrosis Foundation, CFF은 유아기에 나타나

는 비교적 희귀한 유전 질환인 낭포성 섬유증의 치료법을 찾는 데 이바지했다. 설립 당시 이 병의 치료법을 찾겠다는 비전은 재단이 모금과 이미 다양한 연구가 진행되고 있는 미국의 여러 학술 기관에 연구 센터를 설립하는 일에 집중하도록 만들었다.

CFF가 연구와 치료에서 거둔 성과 덕분에 환자의 기대수명이 불과 1년에서 30년 이상으로 늘어났다. 결과적으로 재단의 비전도 진화해 단지 치료에만 집중하는 것이 아니라, 이 병을 안고 살아가는 환자들의 삶의 질을 개선해주는 것으로 바뀌었다. 자금을 모으고 유망한 연구를 지원하는 일은 여전히 우선순위로 남았지만 새로운 우선순위도 생겼다. 환자들이 상담을 받고 적절한 약으로 치료받을 수 있도록 약국 서비스를 제공하는 것이다. 조직이 더 복잡해짐에 따라 좀 더 전문적인 경영진을 구성하는 것도 우선순위가 되었다. 유능한 직원을 고용하고, 주요 사업 기능을 중앙 집중화하기 위함이었다.

이 재단의 이사회와 CEO는 발전 단계마다 기꺼이 비전을 주제로 토론하고 또 토론했다. 그들은 비전을 기준으로 힘든 트레이드오프 의사결정을 내렸다. 목표를 달성하기 위해 경쟁자보다 훨씬 더 잘 해낼 필요가 있는 3~5가지 핵심 우선순위를 결정한 것이다. 이렇게 비전을 정하고, 다듬고, 우선순위를 정하고, 또 다듬는 과정이야말로 이 비영리단체가 자금 모금과 치료법 개발, 낭포성 섬유증 환자의 삶의 질을 개선하고 수명을 늘리는 데 성공할 수 있도록 해준 가장 큰 비결이었다.[8]

세상은 그 어느 때보다도 빠르게 변하고 있다. 과거에 효과적이었던 것이 미래에는 그렇지 않을 수 있다. 세계화, 기술 혁신, 경제 주기로 인해 리더와 조직은 변화에 적응하지 않으면 안 된다. 또한 예상치 못한 위기도 발생하기 마련이다. 이 경우 리더의 우선순위도 바뀌어야 한다.

위기는 우선순위를 조정한다

2010년에 발생한 끔찍한 원유 유출 사건으로 영국의 석유회사 BP의 경영진은 우선순위를 완전히 새롭게 바꿔야만 했다. CEO와 고위 간부들은 유출 확산 저지, 제거, 피해 보상, 직원들에 대한 회사의 우선순위와 계획 전달이라는 새로운 목표를 위해 에너지를 쏟아야 했다. 거의 하룻밤 사이에 유출 문제를 처리하는 것보다 더 기업의 미래를 위해 중요한 우선순위는 없게 되었다. 리더들은 우선순위를 다시 정해야만 했고, 그의 성공 또는 실패가 기업의 미래와 평판에 막대한 영향을 미칠 것이었다.

유출 지역의 주지사들 역시 (1) 유출 원유 청소 작업 (2) 정부의 지원이라는 우선순위를 충족하기 위해 주요 자원을 완전히 다시 배치해야만 했다. 또한 그들은 자신들이 상황을 제대로 '제어'하고 있다는 사실을 유권자들에게 널리 알려야만 했다.

당시 오바마 대통령은 힘겨운 의료 개혁 싸움을 막 끝내고 금융 개혁안 통과, 아프가니스탄과 이라크에서의 전쟁, 취약한 경제 문제 등 걱정거리가 가득한 상태였다. 그런데 갑자기 원유 유출 사건이 정부와 내무부의 최우선 순위가 되어버린 것이다. 그리고 그 사실을 전 국민에게 확실하게 알려야만 했다. 일부 평론가들은 오바마 정부가 새 우선순위를 신속하게 정하지 못해서 소중한 시간과 신뢰를 잃었다고 주장하기도 했다.

최근 경제 위기를 겪으면서 많은 조직의 리더들이 변화하는 환경에 적응하기 위해 조직을 쇄신해야 했다. 나는 그 시기에 하버드에서 중소기업의 대표와 관리자들을 가르쳤다. 2008년과 2009년 초에 많은 사람들이 내 사무실을 찾아왔는데, 그들이 던진 질문은 거의 비슷했다. "매출이 30퍼센트 줄어서 비용을 절감해야 합니다. 여러 가지 방법을 찾긴 했지만 어느 것을 택해야 할지 모르겠어요."

나는 그럴 때마다 기업의 고유 역량과 기업의 비전을 토론하고 정의하는 일부터 시작했다. 기업의 핵심역량이 아직도 그대로인지 논의했다. 토론을 통해 몇몇 기업의 리더는 회사가 현실적으로 한두 가지 핵심역량을 가지고 있지만, 경제 호황 시대에 그보다 더 역량을 필요로 하는 사업에 집중하게 됐다는 사실을 깨닫기도 했다. 그들은 기업이 정말로 잘하는 것이 무엇인지 현실을 직시하고, 지속가능한 경쟁 우위가 없는 부문의 비용은 줄이고, 필요한 경우 비전을 바꾸며, 목표 달성을 위한 우선순위를 다시 정해야 했다.

다양한 산업과 지역이 이러한 방향 재설정법을 사용했다. 현실을 직시하고 구조조정을 통해 핵심역량에 따라 우선순위를 바꾼 기업들은 살아남았고, 더 성장할 가능성도 커졌다. 그렇지 못한 기업들은 결정적인 기회를 놓쳤고, 점점 더 상황이 나빠졌다.

경기 침체는 조직이 이 방법을 쓸 수밖에 없도록 만든다. 하지만 꼭 위기 상황이 닥쳐야만 비전과 우선순위를 업데이트하고 분석할 수 있는 것은 아니다. 자신이 20킬로그램 이상 과체중이라는 것을 잘 아는 중년 남자가 있다고 하자. 그는 과체중 문제를 해결하기 위해 심장마비가 일어날 때까지 기다려야 할까? 당연히 그렇지 않다! 물론 위기는 훌륭한 동기가 되지만, 환자를 살리기 위한 행동을 취하기에 너무 늦을 수도 있다. 마찬가지로 조직도 심각한 위기가 닥칠 때까지 기다렸다가 행동을 취해서는 안 된다.

일반적으로 위기는 안전하고, 흔들림이 없으며, 수익성도 높은 시기에 뿌리내리는 법이다. 다시 말해, 우리 눈에는 위기가 갑자기 닥치는 것처럼 보이지만 사실은 몇 년 동안 서서히 자라난 것이다. 대부분은 현실을 직시하지 못하고, 비전과 우선순위를 업데이트하지 못한 것이 이유다. 따라서 아무런 문제가 없을 때 의식적으로 비전과 우선순위를 다시 돌아봐야 한다. 그래야 심한 압박감을 느끼고 허둥대는 일 없이 침착하고 신중하게 생각할 수 있다.

최우선 과제

비전과 우선순위를 정하는 것은 다음 장에서 소개할 내용의 기본 요소로 무엇보다 기업의 성공에 중요한 의미를 갖는다. 이 기반이 마련되면 다음 장들에 나오는 개념과 아이디어를 어떻게 실행해야 하는지 훨씬 더 잘 알 수 있을 것이다. 다시 말해, 당신은 이 책에서 제기하는 핵심 질문들에 대답하기 전에 어디로 가야 할지를 먼저 알아야 한다.

기업 간부들은 이러한 토대 마련의 중요성을 과소평가한다. 혹은 '대충' 마련해놓는 것으로 충분하다고 생각하는데 이는 오산이다. 토론 초반에 그들은 종종 "그 문제는 해결됐습니다. 얼른 더 시급한 문제로 넘어가죠"라는 식의 태도를 보인다. 그때 나는 이렇게 말한다. "이 문제를 먼저 다루지 않으면, 다른 긴급한 문제들도 해결할 수 없습니다. 저는 당신의 목표가 뭔지 모르겠군요. 분명 직원들도 마찬가지일 겁니다. 이보다 더 시급한 문제는 없습니다. 지름길 같은 것은 없어요."

왜 그럴까? 비전을 분명하게 표현하고, 그것을 구체적이고 설득력 있는 우선순위로 바꾸는 것은 사람들을 일을 해낼 수 있도록 단결시키는 중요한 열쇠이기 때문이다. 반대로 그런 기초가 없으면, 집단의 잠재력이 제대로 발휘되지 못해 위대한 목표를 달성할 수 없다.

실행 계획

1. 회사나 부서의 명확한 비전을 서너 문장으로 요약해 적는다. 이 장의 앞부분에서 설명한 기법을 활용하면 도움이 될 것이다.

2. 그 비전을 달성하기 위해 가장 중요한 3~5가지 우선순위를 찾는다. 현재의 위치에서 볼 때 성공하기 위해 반드시 잘해야 하는 일들이어야 한다. 3~5가지로 좁히기가 어렵다면 이 장에서 설명한 1군, 2군, 3군으로 분류하는 방법을 사용한다.

3. 비전과 우선순위가 명확하고, 쉽게 이해할 수 있는지 점검한다. 밑의 직원들이 곧바로 읊을 수 있을 정도로 비전과 우선순위에 대해 자주 대화를 나누고 환기한다. 그리고 직원들을 만나 비전을 잘 이해하고 있는지 확인한다.

4. 비전과 우선순위를 정기적으로 알리고, 강조하고, 토론할 수 있는 장소와 기회를 마련한다. 질문과 답변 시간도 준비한다.

5. 워크숍을 열어 간부들과 비전과 우선순위에 대해 논의한다. 특히 비전과 우선순위가 경쟁 환경과 세상의 변화, 기업의 니즈에 부합하는지 살펴야 한다. 이 자리를 비전과 우선순위를 업데이트하고 고위 간부의 지원을 확실하게 확보하는 기회로 삼는다.

2장

시간을 어떻게 배분하고 활용할 것인가

시간 관리

MANAGING YOUR TIME

：

시간을 어떻게 쓰고 있는가?

중요한 우선순위에 더 많은 시간을 할애하는가?

：

리더들은 자신들이 시간을 투자하는 곳과 가장 긴박한 니즈가 일치하지 않아 어려움을 겪는 경우가 많다. 이러한 불일치 현상이 가져오는 공통적인 결과는 중요한 이니셔티브에 제대로 집중하지 못해 회사가 궤도에서 벗어나는 것이다. 이 경우 특유의 증상들이 나타나기 마련인데, 리더는 자신이 시간을 보내는 방법이 문제의 주요 원인이라는 것을 알지 못하는 경우가 많다. 훌륭한 리더가 되려면 시간 사용이 비전 및 핵심 우선순위와 일치해야 한다.

리더들이 시간 배분 방식이 잘못되었다는 사실을 깨닫지 못하는 이유는 여러 가지가 있다. 첫째, 매일 일어나는 사건과 당면하는 위기로 인해 바쁘고 혼란스럽다 보니 시간을 어떻게 사용하는지 파악하지 못한다. 둘째, 가장 중요한 우선순위 3~5개를 정하지 않은 까닭에 노력과 우선순위를 일치시키지 못하는 리더들이 많다. 그런 리더들은 스스로 시간을 효과적으로 사용하지 않는다고 느껴도, 어떻게 해야 현명하게 쓸 수 있는지 알지 못한다. 게다가 여러 가지 이유로 많은 경영진이 여기저기에서 시간을 내달라는 요청을 거절하는 것을 힘들어한다.

이 장에서는 왜 시간이 가장 귀중하고 가치 있는 자산이고, 어떻게 하면 시간을 제대로 사용할 수 있는지 알아볼 것이다. 이를 위해서는 먼저 자신이 실제로 시간을 어떻게 사용하는지를 측정하는 방법을 찾아야 한다. 그다음에는 좁혀진 우선순위에 어떻게 시간을 할당하고 있는지 알아보는 단계로 넘어간다. 그러고 나서 중요한 이니셔티브를 추진하기 위해 효과적으로 일정을 짜는 다양한 방법을 소개하겠다.

리더의 시간 할당은 직원과 고객들에게 조직 전체는 물론이고 개별 부서에서 어떤 활동이 가치 있는지에 대한 중요한 신호를 전달한다. 직원이 주요 우선순위를 달성하기 위해서는 효과적인 시간 관리가 중요한데, 그에 도움이 되는 프로세스 개발의 중요성을 살펴볼 것이다.

마지막으로, 왜 반드시 시간 관리에 방해가 되는 것들을 정면으로 마주하고 극복해야 하는지 알아볼 것이다.

리더에게 시간보다 소중한 것은 없다

리더와 직원들의 시간은 무엇보다 중요한 자산이다. 시간은 한정된 자산이며 한번 소비하면 보충할 수 없다. 물론 성공에 중요한 영향을 미치는 다른 자산들도 많다. 금융 자원, 프랜차이즈 자산, 부동산 등. 그러나 이러한 자산을 효과적으로 배치해 가치를 창출하는 능력은 리더가 얼마나 현명하게 자신과 사람들의 시간을 사용하느냐에 달려있다.

젊은 인재들부터 고위 간부들까지 많은 리더들은 이 사실에 동의하면서도 실제로 시간을 어떻게 사용해야 하는지는 알지 못한다. 지난주에 어떻게 시간을 썼는지 한 번 생각해보자. 업무별로 할애하는 시간을 비교적 정확하게 계산할 수 있는가?

다음으로, 지난달에 돈을 어디에, 어떻게 사용했는지 항목별로 정확하게 답할 수 있는가? 장담하건대 자신의 소득과 상관없이 당신은 당연히 그렇다고 말할 것이다! 그 돈을 쓰기 전에 신중하게 생각했을 것이다. 분명히 바쁘고 피곤하다는 이유로 멋대로 돈을 쓰진 않았을 거라는 말이다. 지출 기록을 남겼을 것이고, 돈을 쓰고 나서 어느 정도 만족했는지도 생각해봤을 것이다.

돈을 어떻게 사용하는가는 중요한 일이므로 행동에서도 그 점이 분명히 드러난다. 하지만 돈만큼 중요한 시간은 어떠한가? 어쩌면 더 중요하다고 할 수 있는 시간에 관한 생각을 바꿔야만 행동도 바뀔 수 있다.

시간을 계획, 추적, 평가하라

소중한 시간을 낭비하고 있다는 의심이 든다면, 시간을 체계적으로 추적하는 분석 프로세스를 만들어야 한다. 이 접근법은 젊은 인재와 새로운 리더들은 물론이고 고위 간부들에게도 매우 유용하다. 내가 직접 활용했고, 수많은 사람에게 추천한 간단하지만 효과적인 방법을 소개하면 다음과 같다.

2주 동안 스프레드시트를 사용하여 자신이 근무 시간을 어떻게 보내는지 시간 단위로 기록한다. 그리고 시간 사용을 일상의 업무와 관련된 카테고리로 분류한다. 다음과 같은 업무 카테고리를 찾기 위해 하루 동안 '테스트'를 해봐도 된다.

전략적 계획

고객 연락(서면, 대면, 전화 포함)

기타 세일즈 및 마케팅

투자자와 이사회와의 상호작용

미디어와의 상호작용

직원 감독(코칭, 멘토링, 검토 포함)

사무실이나 공장 관리

경쟁 분석

고용

혁신(제품, 프로세스, 기타)

직원들과의 의사소통/상호작용(회의, 연설 등)

예산 책정

출장, 비용 보고서 등을 바탕으로 비용 검토

자신의 일정 짜기

기타 업무

시간 계산은 이중으로 하지 말고, 한 카테고리에만 할당해야 한다. 목표는 자신이 시간을 어떻게 사용하는지 일관성 있게 파악하는 것이다. 따라서 단순화는 중요한 문제가 아니다. 2주 후, 즉 근무일 기준 10일이 되었을 때는 각 카테고리에 할당한 시간을 더한다. 도움이 된다면, 전체 시간을 백분율로 나누어도 된다.

내 요청에 따라 이 방법을 적용해본 리더들은 항상 똑같은 반응을 보이는데, 그것은 바로 결과가 놀랍고 충격적이기까지 하다는 것이다. 왜 그럴까? 사람들은 합리적인 방법을 사용해 판단한 결과 자신들이 업무 수행이나 기업의 성공과는 전혀 관련이 없는 일에 많은 시간을 쓰고 있다는 사실을 깨닫기 때문이다.

불일치 비용

현재 시간을 어떻게 사용하고 있는지 제대로 평가했다면, 다음으로는 시간을 왜 효과적으로 사용하지 못하는지 생각해봐야 한다. 이를 위해서는 자기성찰이 필요하고, 사건과 사고가 빈번히 발생하는 주중 근무 시간을 분석해봐야 한다. 알다시피 리더의 삶은 복잡할 수밖에 없다. 혼란스러운 사건이 여기저기서 예고도 없이 터지므로 어쩔 수 없이 거기에 대응해야 한다.

누군가가 갑자기 사무실로 들어와 문제를 해결해달라고 요청하면, 당신은 아마 외면하기를 힘들 것이다. 걱정스러운 상황이 펼쳐지면, 이미 위임한 업무라도 직접 관여하기로 마음먹고 이것저것 알아보고 질문할 것이다. 이렇게 예정에 없던 일을 하고 있을 때도 계속 전화벨은 울리고, 다른 부서의 동료가 당신의 견해를 구한다. 당신 외에 누구의 도움을 받아야 하는지 모르는 그는 당신이 나서주기를 바란다.

이 모든 상황에는 개입해야만 하는 이유가 수도 없이 많다. 우선 사람들이 당신의 도움을 필요로 한다는 사실부터가 기분이 좋을 것이다. 사람들이 당신의 의견을 듣고 싶어 하는 것이니까. 자신감이 커진 당신은 자기가 개입하면 상황이 더 나아질 거라고 생각한다. 게다가 거절하면 앞으로는 사람들이 당신을 찾지 않고, 의지할 만한 사람이 아니라고 생각할까 봐 걱정이 된다. 그러면 중요하지 않고 유능하지도 않으며, 회사가 돌아가는 일과 상관이 없는 사람이 될지도 모른다.

하지만 유감스럽게도 시간을 나눠달라는 요청을 전부 받아들이면, 그에 따른 비용을 지불해야 한다. 처리해야 하는 과제가 다른 사람들도 할 수 있는 일이고, 그로 인해 오직 자신만이 할 수 있고, 시간을 할애할 필요가 있는 일들을 하지 못했다면, 그 비용은 매우 높을 것이다.

예를 들어, 중견 제조 회사의 CEO는 일주일에 70시간이나 일하는 상황을 감당하기 힘들었다. 해도 해도 일이 끝이 없었다. 가정생활도 엉망이고, 직장에서는 직원들이나 고객과 관련한 중요한 일을 할 시간을 낼 수 없었다.

결과적으로 아내, 가족, 동료 등 주변 사람 모두가 자신 때문에 짜증이 나고 답답해하는 것 같았다. "내가 뭘 잘못한 거죠?" 그가 걱정스럽게 물었다. "나는 회사를 키우기 위해 지금껏 모든 걸 바쳐서 열심히 일했습니다. 성공하면 적어도 지금보단 훨씬 더 행복할 줄 알았는데!"

이는 흔히 있는 일이다.

나는 그와 기업의 비전과 우선순위에 대해 논의한 후, 그가 매일 시간을 어떻게 쓰고 있는지 말해달라고 했다. 그는 잠깐 생각하는 듯하더니 솔직히 잘 모르겠다고 했다. 우리는 그가 생각할 시간을 가진 후에 다시 이야기하기로 했다. 그 시간 동안 그는 주중에 시간을 어떻게 쓰는지 시간별로 적어보는 연습을 했다.

다시 만났을 때 그는 자신이 분석한 내용을 설명해주었다. 시간별로 하는 일을 되짚다가 '비용 관리'라는 것에 일주일에 무려 12시간이나 할애한다는 사실이 드러났다. 나는 비용 절감이나 프로세스 개선에 사용하는 시간이겠거니 생각하고 그게 어떤 일이냐고 물었다. 그러자 그는 1,000달러 이상의 지출 건에 대해서는 모두 자신이 결재한다고 대답했다. 매출이 5억 달러나 되는 기업인데 왜 그렇게 하느냐고 묻자 그는 이렇게 말했다. "처음 몇 년간은 매출이 1년에 500만 달러도 안 되었고 적자를 봤습니다. 그래서 단 1달러의 지출도 꼼꼼히 관리했죠. 제가 직접 비용 지출을 결재했고요. 회사가 커져도 비용 관리는 철저히 해야 한다고 생각했습니다."

나는 그에게 다른 해결책이 없겠느냐고 물었다. 이를테면 비용 결재 업무를 직원 한 명에게 위임하고, 그는 5만 달러나 10만 달러 이상의 비용만 직접 결재하는 것으로 말이다.

그는 자신이 위임하지 않은 이유를 조금이라도 설명하려고 애썼다. 하지만 이야기를 나누는 동안 설득력 있는 이유가 없다는 것을 깨달았다. 단지 항상 그렇게 해왔을 뿐이었다. 그는 자주 발생하는 5만 달러 이하의 지출을 승인하는 일을 다른 사람에게 위임하면, 일주일에 무려 10시간을 다른 일에 쓸 수 있다는 사실을 인정했다. 엄청난 시간이 절약되는 것이었다. 그는 껄껄 웃으며 말했다. "비용 결재를 위임하는 방법을 배워야겠어요. 그러면 제가 더 좋은 CEO, 남편 그리고 아버지가 될 수 있을 테니까요."

그는 일정을 다시 짜고, 우선순위에 시간을 쏟을 수 있도록 앞으로 면밀하게 시간 사용을 점검하기로 했다. 몇 달 후 그는 내게 중대한 진전이 있었다고 말했다. 비용 절감뿐 아니라 더 중요한 문제를 해결하고, 다른 사람이 처리할 수 있는 일은 거절할 수 있게 되었다는 것이었다. 생산성도 높아지고, 너무 늦지 않게 퇴근할 수도 있었다.

중요한 일에 집중하라

시간을 추적하고 평가하는 능력이 향상되면 다음으로 할 일은 조직의 가장 중요한 우선순위에 맞춰 시간을 분배하는 것이다. 리더들이 시간을 효과적으로 쓰지 못하는 이유는 기업이나 부서의 가장 중요한 우선순위를 깊이 생각해보지 않았기 때문일 때가 많다. 시간을 효과적으로 배분하려면 우선 한걸음 뒤로 물러나 가장 중요한 일을 선택한 다음, 그에 따라 시간을 할당해야 한다.

리더가 우선순위를 찾고 계획도 훌륭하게 세웠지만, 목표 달성에 필요한 만큼의 시간을 투자하지 않는 경우도 있다.

한 중견 제조 회사의 CEO는 크게 낙담한 상태였다. 사업이 주요 경쟁업체들보다 계속 뒤처졌기 때문이다. 진퇴양난에 빠진 그의 불안감은 심해져만 갔다. 그는 답을 찾고자 하버드 비즈니스 스쿨에서 열린 1주간의 리더십 프로그램에 참석했고, 뭐가 잘못됐는지 답을 찾기 위해 일찌감치 내 사무실로 찾아왔다.

자리에 앉은 그는 회사의 경쟁 우위를 설명하고 사업이 잘 풀리지 않는 이유라고 생각하는 몇 가지를 털어놓았다. 직원들이 일을 못하기 때문일까? 인재를 잘못 뽑았을 수도 있다. 회사 전략의 문제일까? 그는 여러 가지 가설을 제시하면서 진짜 두려움을 드러냈다. 자신이 유능한 리더가 아니기 때문일지도 모른다는 것이었다. 그는 자기가 일을 제대로 처리하지 못하고 있는 것은 아닌지 걱정했다.

"리더는 태어나는 것일까요, 만들어지는 것일까요?" 그가 마침내 물었다. "만들어지는 것이라면 어떻게 하면 훌륭한 리더가 될 수 있습니까?"

우리는 우선 그가 이미 오랫동안 심사숙고해온 비전과 우선순위에 관해 이야기를 나눴다. 그러고 나서 나는 그에게 시간을 어떻게 쓰는지 말해달라고 했다. 그가 설명하는 동안 나는 그다지 말을 할 필요가 없었다. 그가 매년 20건이 넘는 인사고과를 스스로 처리한다는 말로 이야기를 시작했기 때문이다. 그리고 출장을 다니면서 크고 작은 고객을 상대로 영업을 하는 것이 좋아서 CEO이지만 영업 관리자의 직함도 계속 유지하고 있다고 했다. 게다가 현재 300명이 넘는 다양한 직책의 직원들을 관리하는 책임도 계속 맡고 있었다.

그는 이 모든 업무에 꽤 익숙해져 있었지만, 전략과 경쟁 분석에 더 많은 시간을 할애해야 한다는 심한 압박감을 느꼈다. 전략과 분석은 무척 중요한 일이었다. 최근에 두 경쟁업체가 합병해 업계에 커다란 변화가 예고되므로 고객에 대한 자사의 가치 제안에 심각한 문제가 생길 가능성이 컸기 때문이다. 바로 밑의 직원들이 그쪽에 집중하라고 말했지만 그는 도무지 시간을 낼 수가 없었다.

나는 그에게 다음과 같은 방법을 제안했다. 자신이 시간을 어떻게 사용하는지 목록을 작성하고, 각 카테고리에 일주일에 몇 시간을 쓰는지 적어본다. 그리고 업무별로 사용하는 시간을 합쳐서 세 개의 칸에 적는다. 1번 칸은 오직 자신만이 할 수 있고, 회사의 가장 중요한 우선순위를 달성하는 데 필수적인 일, 2번 칸은 우선순위를 바탕으로 중요하기는 하지만 부분적으로는 다른 사람이 할 수 있는 일, 그리고 3번 칸은 별로 중요하지 않고 조직의 다른 누군가가 해야 하는 일이다.

그가 작성한 표를 꼼꼼히 살펴봤다. 예를 들어, 그는 '행정 직원 관리'를 3번 칸에 넣었는데 이 일에 일주일에 7시간이나 할애했다. '소규모 고객 영업 전화'에는 일주일에 10시간을 쓰고, 이는 3번 칸에 속했다. 사실 그가 그런 영업 전화를 직접 걸 필요는 없었다. '20건이 넘는 인사고과' 업무를 위해서는 가을에 45시간을 사용했는데, 이 업무의 절반은 1군, 나머지 절반은 2군과 3군에 속했다. 우리는 다른 여러 가지 업무도 계속 이렇게 분류해 그의 시간을 100퍼센트 다 분류했다.

시간 분석을 마친 그는 3군에 속하는 업무를 적극적으로 다른 사람에게 위임하고, 2군 중에서 반드시 그가 해야만 하는 일들을 면밀하게 검토하기로 했다. 또한 1군에 속하는 업무에 쓰는 시간을 더 늘려야 한다는 사실도 깨달았다. 이 간단한 매트릭스의 도움으로 그는 그간 시간을 전략적으로 관리하지 못했다는 결론에 도달했다. 중요하지 않은 일에 많은 시간과 에너지를 낭비했고, 오직 자신만이 할 수 있는 도전에 나서지 못한 것이다! 또한 자신의 타고난 능력이 무엇이든 간에, 리더십 습관은 '학습'을 통해 자신의 것이 될 수 있다는 것과, 더 큰 문제에 집중하고 나머지는 위임하는 법을 배워야 한다는 사실도 알았다.

6개월 후, 그는 내게 전화를 걸어 시간을 효율적으로 다시 배분했다고 말했다. 또한 회사의 경쟁 포지션 평가에 집중한 덕분에 주요 경쟁업체와 합병해야 한다는 결론에 이르렀다고 했다. 어려운 결정이었지만 회사의 미래를 위해 꼭 필요한 일이라고 생각한 것이다. 중요한 일에 집중하지 못했다면 불가능했을 일이다.

습관의 굴레에서 벗어나라

시간이 지나면 누구나 긴장이 풀려 느슨해질 수 있다. 그리고 좋지 않은 습관으로 되돌아간다. 이것이 정기적으로 한걸음 물러나 시간 사용을 면밀하게 파악해야 하는 이유이다.

내 경우도 예외는 아니었다. 내가 시간 배분 기법을 처음 활용한 것은 30대 초반일 때였다. 이 방법을 통해 내가 일정을 잡는 데 일주일에 5시간이나 쓰고 있다는 것을 알게 되었다. 그때는 요즘 같은 스케줄링 소프트웨어가 없어서 동료들과 회의를 언제, 어디서 할지 정하느라 전화기를 마냥 붙잡고 있어야 했다. "수요일 어때요? 오후 2시는? 안 된다고요? 그럼 목요일 3시는? 그럼 그때 시간 비워두세요. 조앤이랑 톰과 샘에게도 확인해보고 다시 연락드리죠."

소모적이고, 일에 집중할 수 없었을 뿐더러 일주일에 5시간을 더 필요한 곳에 쓰지 못했다. 더 안타까운 것은, 그것이 비서가 나 없이도 할 수 있고, 나보다 훨씬 더 잘할 수 있는 일이라는 사실이었다. 나는 뒤늦게 비서에게 말했다. "샌디, 이제부터 당신이 내 달력을 가지고 있어요. 나와 약속을 잡고 싶어 하는 사람은 당신에게 연결하겠습니다." 얼마나 속이 시원하고 시간도 절약되던지! 갑자기 내게는 더 많은 시간이 생겼고, 자질구레한 일을 하지 않게 되자 머리가 맑아져서 다른 우선순위에 집중할 수 있었다.

당신은 관리자로서, 리더로서, 한 인간으로서 틀에 박힌 생활을 한다. 처음에 작은 회사에서 일을 시작할 때는 모든 업무가 매우 중요해 보인다. 물론 어떤 일이든 당신이 직접 하면 더 잘 처리할 것이다. 회사가 성장하고 커지면서 직급이 올라가면 시간은 부족해지고, 더 귀중해진다. 하지만 반드시 자신이 해야 할 중요한 업무가 무엇이고, 다른 사람에게 위임해야 하는 일은 어떤 것인지 제대로 살피지 않는다.

우리는 자신에게나 회사에나 이제는 더이상 중요하지 않은 일들을 계속한다. 그런 습관은 한때 유용했지만 지금은 오히려 역효과를 낼 뿐이다. 이를 깨닫고 새로운 습관을 만들기 위해 노력해야 한다.

리더의 시간 관리가 직원들에게 미치는 영향

나는 리더들에게 거의 항상 이 시간 추적법을 추천한다. 그런 다음 기업의 우선순위를 위해 시간을 어떻게 사용하고 있는지 확인해보라고 말한다. 현재 고전하고 있는 리더들은 대부분 그 두 가지가 심각하게 어긋난 경우가 많다.

이러한 불일치로 인해 어떤 대가를 치르게 될까? 무엇보다 리더가 중요한 우선순위를 제대로 추진하지 못한다. 남쪽으로 간다면 북쪽이나 혹은 그와 다른 방향으로는 갈 수 없다. 뒤에서 설명하겠지만 리더는 조직의 역할 모델이 되어야 하는데 만약 리더가 중요한 우선순위에 시간을 쓰지 않는다면, 직원들도 그 우선순위를 중시하지 않게 된다. 이는 조직 전체에 부정적인 영향을 미친다.

리더의 시간 사용법은 당신의 신념과 조직의 목표가 무엇인지를 알려준다. 예를 들어, 고객 관계 구축을 중요한 우선순위로 정했다면, 당신이 그 우선순위를 추구하기 위해 최선을 다하고 있음을 행동을 통해 보여주어야 한다. 만약 리더가 중요한 고객 관계 관련 문제를 다루는 회의에 참석하지 않는다면, 직원들은 그것이 중요한 우선순위가 아니라고 생각하게 된다. 직원들에게는 중요하지만 당신 정도 되는 직급이 신경 쓸 일은 아니라는 메시지를 전달할 수도 있다. 게다가 직원들이 중요한 고객 방문 출장을 생략하거나 거래를 한 건 놓쳐도 크게 걱정할 필요가 없으며, 이 회사에서는 고객을 위한 일에 적극적으로 임하지 않아도 된다는 메시지가 전달된다.

이런 분위기는 기업의 문화와 우선순위의 중요성에 큰 영향을 미칠 수 있다. 성공과 실패를 좌우할 수도 있는 것이다.

상사가 자기가 하기 싫은 일을 당신에게 맡겼을 때 어떤 느낌이었는지 생각해보자. 당신은 그 일을 얼마나 심각하게 받아들였는가? 조직은 또 얼마나 진지하게 받아들였는가?

나는 전문 서비스 회사에서 경력을 쌓았다. 뛰어난 인재를 확보하고 유지하고 개발하는 것이 회사의 중요한 우선순위였다. 직급이 낮을 때 회사의 고위 간부들이 채용 후보들을 빠짐없이 인터뷰하고 정기적으로 채용 행사에 참석하는 모습을 보고 깊은 감명을 받았다. 상사들의 솔선수범을 통해 인재를 모집하고 키우는 것보다 더 중요한 건 없다는 사실을 배웠다.

고위 간부가 되고 나서 나도 이 일에 상당한 시간을 할애했다. 말보다 행동으로 보여주었고, 덕분에 회사의 입지를 탄탄하게 굳힐 수 있었다. 사람들은 리더의 행동을 주의 깊게 관찰하고 그를 바탕으로 리더가 중시하는 가치가 무엇인지 신호를 찾으려 한다. 그중에서 가장 강력한 신호를 보내는 것은 리더인 당신의 시간 사용법이다.

행동과 다른 말이 가져오는 혼란

빠르게 성장하는 공산품 기업의 CEO는 핵심 우선순위를 달성하기 위해 고군분투했다. 그는 창업자인 아버지의 뒤를 이어 회사를 이끌고 있었다. 그 기업은 처음에 공작 기계를 만드는 사업부터 시작했다. 차츰 제품 라인을 확장했고, 근래에는 경쟁업체와 차별화를 꾀하고자 고객 맞춤형 공작 기계를 생산하기 시작했다.

이러한 이니셔티브를 추구하는 과정에서 새로운 우선순위 하나가 탄생했다. 바로 고객의 니즈를 더 잘 이해하는 일이었다. 여기에는 고객의 사업 전략이 무엇인지, 고객의 제조 공정이 최종 사용자의 니즈를 충족하기 위해 어떻게 진보하고 있는지를 보다 잘 파악하는 것이 포함되었다. 다시 말해서, 영업팀을 좀 더 정교하게 업그레이드하고 훨씬 더 많은 기술을 지원해야 한다는 뜻이었다. 영업팀이 단순한 판매사원이 아닌 컨설턴트가 되어야 했다. 하지만 문제가 있었는데, 사람들이 이 이니셔티브를 추진하기로 한 경영진의 결정에 회의적이라는 것이었다.

CEO는 수차례 그 중요성을 강조했지만 직원들이 동의하지 않자 좌절감을 느꼈다. 그가 이 문제를 상의하러 왔을 때 나는 시간을 어떻게 쓰고 있냐고 물었다. 종종 그렇듯 그도 곧바로 대답하지 못했다. 그에게 일주일 동안 시간을 어떻게 사용하는지 추적해볼 것을 제안했다.

그 결과 그는 서류 업무와 오늘날의 기업이 있게 해주었지만 이제는 적자를 기록하고 있는 제품군에 너무 많은 시간을 쏟고 있다는 사실을 발견하고 깜짝 놀랐다. 문제는 그가 기업의 우선순위와 관련 없는 일에 지나치게 관심을 쏟고 있다는 것이었다. 설상가상으로 이제 적자를 발생시키고 수익성 회복 가능성이 없는 최초의 사업에 집중하고 있었다. 이는 그가 논리가 아니라 감정에 따라 움직인다는 뜻이었다. 그는 자신이 리더와 역할 모델로서 좀 더 균형 잡힌 모습을 보여주어야 할 필요가 있음을 깨달았다.

그는 즉시 2군과 3군에 속하는 서류 업무를 위임하기 시작했다.

믿을 수 있는 최측근에게 최초의 사업을 어떻게 할 것인지 생각해보라고 부탁했고, 출장을 떠나 중요한 고객과 대화하는 시간을 크게 늘렸다. 이러한 변화는 직원들에게 긍정적인 본보기가 되었다.

그 후 이 CEO는 회사가 고객을 더 잘 이해하기 위해 더 많이 노력하게 되었다고 말했다. 그가 고객들을 직접 만나는 모습은 젊은 영업 사원들에게 영감을 주고, 새로운 고객 관리 전략에 동의하게 했다. 그 결과, 그는 기업의 전략적 포지셔닝과 CEO로서 자신의 능력에 자신감이 생겼다.

가장 좋아하고, 가장 잘할 수 있는 일을 하라

시간 배분과 주요 우선순위를 일치시키기 위해서는 연습을 계속해야 한다. 이를 통해 어떤 업무를 위임하고, 어떤 업무를 반드시 직접 처리해야 하는지 알 수 있다. 또한 우선순위에 해당하지 않는 일에 시간을 내달라는 요청을 거절하는 한편으로, 요청이 있든 없든 정말로 개입해야 하는 상황이 무엇인지 파악할 수 있다. 그리고 이제 직원들은 스스로 해결할 수 있는 문제를 가지고 찾아오는 대신, 자신들에게 주어진 권한으로 직접 처리하게 될 것이다. 그 결과 당신은 가장 필요한 곳에 시간을 할애할 수 있다.

반드시 해야 하는 일을 선택하는 제일 좋은 방법은 자신에게 이렇게 묻는 것이다. "다른 사람이 이 일을 할 수 있을까?" 만약 답이

"그렇다"라면 그 일을 해서는 안 된다. 가장 중요한 우선순위에 부합하고, 반드시 자신의 개입이 필요한 일을 찾아야 한다. 중요한 의사결정, 주요 고객 관계 구축, 직원 코칭, 전략 재고 등이 그 예다.

마지막으로 하나 더 고려해야 할 사항이 있다. 이 시간 분배법은 자신에게 솔직해야만 의미가 있다. 냉정할 정도로 솔직하게 평가해야만 한다.

나와 함께 일했던 몇몇 사람들은 예전부터 해왔고 정말 좋아하지만 이제는 현재 맡은 업무나 조직의 니즈와 맞지 않게 된 일들이 있다고 고백하기도 했다. 단순히 그 일을 좋아하기 때문에 유지해온 것이었다.

물론 이는 충분히 있을 수 있는 일이다. 하지만 조직의 우선순위를 자신의 관심 분야와 일치시킬 수 없다면, 당신은 업무를 잘못 맡은 것이다. 상황이 이렇다면 어떻게 해서든 조정을 해야 한다. 직무 설명서를 다시 써보자. 회사 내부나 외부에서 새로운 일을 찾는 것도 한 가지 방법이다.

마찬가지로 자신이 새로운 일자리를 찾고 있거나 회사 내에서 새로운 자리를 제안받을 경우 그 업무를 잘해내기 위해 집중해야 할 3~5가지 핵심 과제가 무엇인지 생각해봐야 한다. 당신이 좋아하는 일들인가?

달리 말하면, 성공한 기업은 직원이 기술과 열정을 조직의 중요한 직무에 쏟도록 만드는 방법을 찾는다. 이러한 업무 적합성은 개인의 성공은 물론이고, 기업이 잠재력을 최대한 발휘할 수 있도록 도와준다.

직원들도 시간을 효과적으로 배분하도록 만들어라

최근에 매우 성공한 의료 관리 서비스 회사의 CEO를 만났다. 그는 몇 년간의 연습 끝에 자신의 시간 배분과 조직의 최고 우선순위를 훌륭하게 일치시킬 수 있었다.

그는 더 나아가 고위 간부들에게도 시간 배분 기법을 가르쳐 그들도 우선순위에 따라 시간을 배분할 수 있도록 했다. 덕분에 회사는 핵심 우선순위에 따라 업무를 조율하고, 회사의 비전 달성을 위해 계속 바뀌는 우선순위에 잘 적응할 수 있었다.

직원들이 시간 사용을 조직의 최우선 순위에 맞추는 연습을 하도록 만드는 것은 꼭 필요한 일이다. 그를 통해 직원들이 어떤 업무가 중요하고, 시간을 어떻게 사용해야 하는지 알 수 있기 때문이다. 또한 꼭 필요한 일과 단순히 '하면 좋은 일', 오히려 역효과를 일으키는 일을 구분할 수도 있다. 자원과 직원을 줄이거나 늘려야 하는 부분이 어디인지도 파악할 수 있을 것이다.

이 방법은 자원 배분 외에도 일 년 내내 사람들을 코칭하거나 연말에 평가할 때도 탄탄한 토대를 제공한다. 줄곧 그 점을 분명히 해온 까닭에 직원들은 업무 우선순위나 시간 배분과 관련해 당신이 원하는 바를 분명히 알게 될 것이다.

역동적으로 시간을 배분하라

우리는 종종 변화로 인해 곤경에 빠지기도 하고, 그를 통해 새로운 기회를 맞이하기도 한다. 외부 환경의 변화를 목격하는 것은 필연과도 같다. 대부분의 산업이 일정한 주기를 따르기 때문이다. 다수의 제품 라인은 결국 완전한 성숙 단계에 접어들거나, 일반 상품화하거나, 특허가 만료될 수도 있다.

지난 수십 년간 항공사와 제약사, 금융 서비스 회사, 보험 회사, 자동차 제조업체를 비롯한 수많은 산업이 규제 환경, 글로벌 경쟁업체의 등장, 소비자 선호도의 변화 같은 근본적인 변화에 대응해야 했다. 고위 간부들은 회사의 비전을 바꾸고, 우선순위를 새롭게 설정하는 동시에 시간 배분에도 변화를 주어야 했다.

이 외에도 업종에 따라 '물 들어올 때 부지런히 노를 젓고', 그렇지 않은 시기에는 물이 들어올 때에 대비하는, 계절에 따른 변화를 겪기도 한다.

많은 소매업 분야가 이런 계절적인 흐름을 탄다. 예를 들어, 주얼리 산업은 밸런타인데이와 크리스마스를 앞둔 몇 달 동안 가장 바쁘다. 그 몇 달 동안에는 고객을 응대하고, 매장 인력을 보강하며, 효율적으로 물건을 판매하고, 재고 확보에 집중한다. 비성수기에는 외상 매출금을 처리하고, 다음 해를 위한 신제품을 디자인하며, 재고를 세일로 처리하는 일을 주로 한다.

이는 기업의 경우에도 마찬가지다. 기업과 산업은 변화하고, 그

리더십 탐독

변화에 적응하지 못하면 결국 뒤처지게 된다. 마찬가지로 리더들도 살아남아 성공하려면 시간을 사용하는 방식을 다시 평가하고 바꿔야 한다.

여기서 중요한 점은, 시간 배분을 규칙적으로 점검해야 한다는 것이다. 정기적으로 한 발짝 물러서서 투자 관련 결정을 내리는 것처럼, 시간을 투자하는 방식도 차분하게 돌아볼 필요가 있다.

단절을 마주하고 극복하라

당신은 이미 시간 관리를 잘하고 있을 수도 있다. 기업의 중요한 우선순위와 현재 상황, 시즌에 맞게 시간을 잘 배분해 사용하고 있을지도 모른다.

반대로 그런 것에 신경 쓸 시간이 없다고 생각할지도 모른다. 그렇다면 다시 한번 생각해보기 바란다. "난 우선순위니 시간 배분 연습이니 하는 것에 신경 쓸 시간이 없어요. 그러기엔 너무 바쁘다고요!" 나는 간부들이 이렇게 말하는 것을 수도 없이 들었다. 그들은 시간 관리가 직무 수행과 별개이거나 중요하지 않다고 생각했다. 그들이 어려움에 빠진 이유가 분석을 거쳐 우선순위를 정하지 않고, 주요 과제에 시간을 충분히 배분하지 않았기 때문임을 알지 못했다.

동시에 그들 중 많은 사람이 개인적으로나 조직에서나 과거의 성공을 이어가거나, 새로운 성공을 위한 길을 찾기가 힘들다고 고충을 토로했다.

해야만 하는 일과 하고 싶은 일이 서로 달라 고심하는 관리자들에게는 여기까지 살펴본 내용이 큰 도움이 될 것이다. 휴가를 내든지 해서 얼마간의 시간을 마련해 자신의 삶을 돌아볼 필요가 있다. 어떤 사람들은 그럴 시간이 없다면서 망설인다. 그러면 나는 힘주어 이렇게 말한다. "당신이 느끼는 혼란과 패배감은 충분히 극복 가능한 것입니다. 당신에게는 변화를 꾀할 힘이 있습니다."

오래전에 스티븐 코비Stephen Covey가 쓴 《성공하는 사람들의 7가지 습관The Seven Habits of Highly Effective People》에서 이 딜레마를 설명하는 표를 본 적이 있다.[1] 이 표의 한 축은 '긴급함(긴급함부터 긴급하지 않음)'이고 다른 축은 '중요함(중요함에서 중요하지 않음)'이다. 이 표에서 가장 효율적인 일은 '긴급하고 중요함'과 '중요하고 긴급하지 않음' 속하는 일들이다. 나머지는 집중을 방해하고 최악의 경우엔 시간 낭비이다.

왜 똑똑하고 유능한 사람들이 자꾸 그 매트릭스의 '비효율적인' 사분면에서 머무르려고 할까? 집중을 방해하고 시간을 낭비하게 만드는 곳에 말이다. 이 문제를 오랜 시간 고민한 결과 나는 크게 두 가지 이유를 찾았다.

- 우리는 날마다 갑자기 받는 문의나 요청, 기회를 쉽게 거절하지 못한다. 왜 그럴까? 어렸을 때부터 남을 도와줘야 한다

고 배웠기 때문이다. 이는 보이스카우트의 6가지 맹세가 신뢰, 충성, 도움, 친절, 예의, 상냥함이라는 것만 봐도 알 수 있다. 그야말로 초과근무 통지서라고 해도 과언이 아니다! 솔직히 나를 포함해 대부분의 사람들은 누군가가 도움을 요청하면 기분이 좋아진다. 당신의 문제 해결 능력을 높게 평가하고, 도움을 간절히 바란다는 뜻이기 때문이다. 그래서 거절해야만 하는 상황인데도 거절하지 못한다.

· 또 다른 이유도 거절을 어렵게 만든다. 모든 일을 직접 처리해야만 직성이 풀리는 성격이어서 그럴 수도 있다. 다른 사람이나 자신을 믿지 못해서 위임하기를 꺼린다. 은행에서 일하면서 나는 어떤 작업을 제대로 처리하려면 반드시 자신이 개입해야 한다고 생각하는 동료들을 많이 보았다.

내가 일을 하면서 유용하게 사용한 기법의 하나는 바로 가장 중요한 3~5가지 우선순위를 종이에 적어보는 것이다. 보통 사업에 관한 중요한 우선순위와 하나 이상의 자기개발 관련 우선순위(예를 들어 경청 능력 키우기, 직원 코칭에 시간 더 할애하기 등)가 나온다. 나는 매일 볼 수 있도록 이 종이를 사무실 벽에 붙여 놓았다. 누군가 사무실로 와서 무언가를 부탁할 때면 결정을 내리기 전에 벽에 붙어있는 이 종이를 본다.

당신에게도 이 방법을 추천한다. 사람들의 요청에 대답하기 전에 한번 생각해보고 다음 중 하나를 선택하라.

- 개입한다. 단, 당신의 우선순위를 위해 사용할 시간이 줄어들고, 할 일이 너무 많이 생긴다는 사실을 알아야 한다.
- 개입을 거절하고 다시 한번 스스로 해결해보라고 말한다. 직접 해결할 수 없다면 언제든지 다시 찾아와 도움을 요청하라고 한다.
- 개입을 거절하고 이 문제를 해결할 수 있는 다른 사람을 추천해준다.

'정답'은 없지만 위의 내용에서 알 수 있듯이 평소보다 거절을 더 많이 하는 것이 좋다. 물론 처음에는 마음이 별로 좋지 않겠지만 이는 리더십 훈련의 일부이다.

일정도 이렇게 관리해야 한다. 일정표의 모든 항목을 살핀 다음 벽에 붙어있는 종이를 보고 자신에게 묻는다. '이 항목이 왜 여기 있지? 이 일을 해야 하나? 이 일정표에서 어떻게 하면 중요한 우선순위에 집중할 시간을 만들 수 있을까?'

당신이 시간을 효과적으로 관리하고 있고, 직원들도 마찬가지라면 당신과 그들은 조직의 가장 중요한 우선순위를 위해 현명하게 시간을 분배하고 있는 것이다. 따라서 당신은 이제 자신 있게 3장으로 넘어갈 수 있다.

반대로 아직 이 문제를 극복하지 못했다면 이 훈련에 더 많은 시간을 투자해야 할 것이다.

실행 계획

1 2주 동안 자신이 시간을 어떻게 사용하는지 추적하고, 그 결과를 몇 가지 범주로 분류한다.

2 그 내용이 3~5가지 우선순위와 일치하는지 살핀 후, 일치하는 항목과 일치하지 않는 항목의 목록을 만든다. 일치하지 않는 항목은 2군과 3군에 해당하므로, 다른 사람에게 맡기거나 아예 없앤다.

3 일치하지 않을 경우에 대비해 실행 계획을 세운다. 예를 들어, 다른 사람이 쉽게 처리할 수 있는 일은 위임한다. 자신의 주요 우선순위에 맞지 않는 요청은 거절한다.

4 몇 달 후, 앞의 세 단계를 반복한다. 중요한 우선순위에 시간을 더 많이 투자하고 있는지 확인한다.

5 직원들도 똑같은 과정을 밟도록 한다.

3장

어떻게 배우고
발전하는 조직을
만들 것인가?

코칭과 피드백

:

핵심 인재를 적극적으로 개발하고 코칭하는가?

구체적이고 시기적절하며 실행 가능한 피드백을 하고 있는가?

직원들에게 실행 가능한 피드백을 요청하는가?

듣기 싫은 비판을 해줄 수 있는 조언자가 있는가?

:

경영자들은 대개 인재 개발이 조직의 성공에 매우 중요하다고 말한다. 이는 물론 사실이다. 하지만 현실적으로 많은 회사와 리더들이 이 중요한 과제를 제대로 수행하지 못한다. 그 이유는 우선 코칭과 평가를 혼동하는 경우가 많기 때문이다. 경영진은 보통 연말 평가를 직원들을 처음으로 '코칭'할 기회로 삼는다. 동시에 평가를 위해 시간을 너무 많이 투자한 까닭에 진정한 코칭, 즉 연중에 진즉 해야 했을 코칭이 연기되어 결국 연말에 코칭을 받게 된 사람들은 놀라고 혼란스러울 수 있다. 또 다른 어려움은 경영진이 피드백의 필요성은 알고 있으면서도 피드백에 능숙하지 못하다는 것이다. 결과적으로 그들은 피드백 주는 것을 불편해하고, 시기적절하고 건설적이며 실행 가능한 피드백을 주지 못한다.

리더들이 직급이 높아질수록 조언을 구할 사람이 없다고 생각하는 것도 문제를 더 복잡하게 만든다. 그들의 상사는, 어쩌면 상사가 없을 수도 있지만, 이제 그들의 성과를 면밀하게 관찰하지 않는다. 따라서 리더들은 사실 직원들보다 피드백에 더 굶주려 있다.

코칭이 필요한 이유

효과적인 피드백과 인재 평가는 성과 관리의 중요한 부분이다. 그리고 궁극적으로는 리더의 비전을 실현하기 위해서도 중요하다. 이는 비즈니스 스쿨과 경영자 교육 프로그램, 인기 있는 비즈니스 매체에서 광범위하게 논의하는 주제이기도 하다. 리더가 이런 데 관심을 갖는 데는 다 이유가 있다. 기업의 성공은 훌륭한 인재 확보와 유지, 개발은 물론이고 조직의 주요 목표 달성을 위해 그들을 관리하는 데 달려 있기 때문이다. 이를 위해서는 인재 코칭과 평가를 위한 효과적인 프로세스가 마련되어 있어야 한다.

기업은 직원을 평가해야 한다는 사실을 잘 알고 있으며, 그런 일을 할 수 있는 시스템을 만든다. 하지만 직원들의 발전을 돕고 가속하는 데 집중하는 인재 코칭을 중요하게 생각하는 기업은 많지 않다. 이 장에서는 바로 이 중대한 문제의 해결에 집중할 것이다.

또한 간부가 피드백을 받으려면 어떻게 해야 하는지도 살펴보겠다. 경영진은 직원들을 코칭해야 한다는 사실은 잘 알지만, 자신들도 피드백을 받아야 한다는 사실은 잘 알지 못한다. 다시 말해 경영진은 자신들이 거둔 성과에 대한 피드백을 받을 필요가 있다. 많은 경영진이 이 점에 대해 불분명한 태도를 취하거나 소극적이다.

이외에도 효과적인 피드백이란 어떤 것인지도 살펴볼 것이다. 효과적인 코칭을 가로막는 장애물과 그를 극복하는 방법도 알아본다. 직급에 상관없이 모든 경영진이 직원들을 코치로 삼는 것이 중요한 이유를 설명하고, 그 방법도 다룰 것이다.

마지막으로 주인의식과 학습하는 문화를 만드는 구체적인 방법을 검토할 것이다. 그런 문화가 마련되어 있어야 모두가 피드백을 받을 필요가 있고, 효과적인 피드백을 가로막는 장애물을 극복해야 할 책임이 있다는 사실을 이해할 수 있다.

우선순위 실행을 위한 강력한 도구

명확한 비전과 그에 따른 우선순위를 전부 다 파악했다고 하자. 다음으로 중요한 우선순위에 집중할 수 있도록 시간도 배분했고, 직원들과도 공유했다. 피드백은 이런 활동과 어떤 관련이 있을까? 피드백은 사람들이 우선순위를 실행하도록 관리하는 가장 강력한 무기이다. 피드백은 우선순위의 중요성을 환기하고, 직원들이 그에 집중하도록 만들어 조직의 임무를 완수하도록 도와준다.

나는 코칭을, 사람의 두세 가지 강점과 약점을 파악하고 그 사람이 약점을 보완하고 강점을 더욱 키울 수 있도록 도와주는 연습, 행동 단계, 후속 활동을 찾는 과정으로 정의한다. 약점은 모호하거나 실체가 없는 것이 아닌 구체적이고 개선될 수 있는 것이어야 한다. 또한 실용적인 조언은 상대방의 바꿀 수 없는 개인적 특징이 아니라, 개선 가능하고 객관적으로 관찰 가능한 부분에 초점을 맞춘 것이어야 한다.

효과적인 코칭을 위해서는 대상에 대한 충분한 정보 수집이 필수다. 이를 위해서는 그 사람을 직장에서 직접 관찰하거나 그의 동료들에게 물어봐야 한다. 코칭은 대상이 되는 사람이 귀를 기울이고 행동에 옮길 여유가 있는 한 해의 초반에, 실행에 옮길 수 있는 장소에 있을 때 실시하는 것이 가장 효과적이다.

멘토링과는 다른 코칭

경영진과 이 주제로 토론해보면 코칭과 멘토링을 혼동하는 경우가 많다. 멘토링은 상담에 가깝고, 때로 커리어와 관련한 조언을 하기도 한다. 멘토가 멘토링 받는 사람을 꼭 직접 관찰하거나 그의 동료에게 질문할 필요는 없다. 보통 자신이 던진 중요한 질문에 대한 상대의 대답에 반응하는 것이 멘토가 일하는 방식이다.

멘토링이 꼭 필요할까? 물론이다. 멘토링은 받는 대상이 커리어와 관련한 꿈을 발견하고, 목표를 이루는 데 필요한 전략을 찾도록 도와준다. 보통 멘토는 상대방보다 나이와 경험이 많은 사람이며, 다른 사람을 이끄는 위치에 있다.

그러나 멘토링은 코칭과는 다른 것으로, 코칭을 대신할 수 없다. 멘토링은 잘하려면 시간이 걸린다. 코칭은 그보다 훨씬 더 많이 걸리고, 더 많은 작업과 직접적인 관찰, 통찰이 요구된다. 그리고 코칭에는 양측의 대립과 책임이 수반될 수 있다. 일반적으로 코칭은 코치와 받는 사람의 후속 조치가 필요한 반복적인 과정이다. 모호한 일반적인 관찰이 아니라, 구체적이고 건설적이며 실행 가능한 의사소통이 필요하다.

구체적인 사례를 보자. 대규모 다국적 기업의 CEO는 회사가 직면한 여러 가지 난제를 논의하기 위해 고위 경영진 워크숍을 개최했다. 사안들을 체계적으로 논의한 다음 합의를 거쳐 포괄적인 전략을 마련하는 것이 그가 회의를 주재한 목적이었다. 그는 나에게 회의를 진행해달라고 부탁했다.

먼저 이들은 가장 걱정스러운 문제를 토론했다. 몇몇 사람은 젊은 중간 관리자 직급의 업무 성과가 심각하게 낮은데 이유를 알 수 없다고 말했다. 그러면서 자신들이 매우 광범위하고 정교한 연말 인사고과 시스템을 갖고 있다고 했다. 이 기업에는 직급이 낮은 직원을 다른 부서의 높은 직급과 짝지어 교류하도록 하는 '버디 시스템'이 있었다. 그들은 이 버디 시스템이 젊은 리더들에게 커리어 관련 조언과 멘토링을 해주는 훌륭한 제도라는 자부심을 갖고 있었다.

나는 그런 것 말고 젊은 중간 관리자들이 정확히 어떤 식으로 코칭을 받느냐고 물었다. 그러자 회사의 평가 절차와 버디 시스템을 다시 한 번 요약해서 설명해줄 뿐이었다. 좀 더 자세히 캐물었다. "코칭 받는 사람에게 그가 제대로 하는 부분, 개선이 필요한 부분, 개선을 위해 해야 하는 일이 뭔지 알려주나요?"

"그런 것들은 자연스럽게, 저절로 알게 되죠." 한 간부가 대답했다. "제게도 코치가 몇 명 있었는데, 그들의 코칭이 큰 도움이 되었습니다."

나는 계속해서 질문했다. "간부들이 코칭을 해주면 보상을 받습니까? 인사고과에 반영되나요? 실제로 코칭이 제대로 이루어지고 있는지 어떻게 알 수 있죠?"

이 점에 대해서는 아무도 제대로 답하지 못했다. 그들은 코칭이 중요하다고는 생각했지만 이런 질문들에 대한 답은 생각해본 적이 없다고 인정했다. 그들은 조직의 중간 및 하급 리더들에게 후속 질문을 해서 이 문제에 대한 해결책을 찾기로 했다. 그리고 그 결과를 CEO에게 보고했다.

몇 주 후에 그 회사를 다시 찾았다. 조사 결과를 살펴본 결과 멘토링이나 연말 인사고과 외에 코칭은 산발적으로 이루어지고 있다는 사실을 발견했다. 운이 좋아서 상사가 관심이 있으면 코칭을 받을 수 있었다.

몇몇 경영진이 수많은 직원을 중간급과 고위 간부로 성장시킨 훌륭한 코치라는 사실도 밝혀졌다. 반면 많은 경영진이 그다지 좋은 코치가 아니라는 것도 알 수 있었다. 그리고 젊은 인재들을 대상으로 한 설문조사에서는 그들 중 다수가 적극적으로 코칭을 받지 못하고 있다고 느낀다는 사실이 드러났다. 게다가, 회사에 업무를 위한 교육 과정은 다양하게 마련되어 있지만, 코칭 방법을 알려주는 정식 교육 프로그램은 찾을 수 없었다. 이러한 결과를 토대로 경영진은 CEO에게 코칭을 우선순위로 삼도록 권고했다.

이 기업이 구체적으로 어떻게 이를 실천에 옮겼는지 살펴보자. 첫째, 간부들의 연례 인사고과에 코칭과 관련한 질문이 추가되었다. 또한 유능한 코치들이 회의, 블로그 등을 통해 동료들과 코칭 방식을 공유하는, 회사가 후원하는 '코칭 네트워크'가 생겼다. CEO는 연설이나 직원회의에서 좋은 코칭의 중요성을 자주 강조함으로써 이 문제에 대한 인식을 높였다. 마지막으로, CEO와 고위 간부들은 직원들의 코칭에 더 많은 시간을 쏟았다. CEO는 훌륭한 코치였고 그의 적극적인 개입이 코칭의 중요성을 알리는 신호로 작용했다.

나는 지금도 정기적으로 이 CEO와 현황을 검토하는데, 그는 새롭게 정비한 코칭법이 유망한 젊은 리더들을 키우고 유지하는 데 큰 도움이 된다고 말한다. 또한 그는 회사의 실적이 크게 향상된 것이 그 덕분이라고 굳게 믿고 있다.

피드백을 가로막는 가장 큰 장애물

이런 일련의 과정이 손쉽고 간단해 보일 수 있다. 코칭을 통해 약점을 파악하고, 그를 극복하기 위해 노력하면 개인과 조직은 발전할 수 있다. 정말 간단해 보이지 않는가? 하지만 그렇게 간단하다면 왜 유망한 젊은 관리자들은 물론이고 고위 리더들이 더 많이 코칭하거나 더 효과적으로 하지 못하는 것일까? 왜 훌륭한 회사도 직원 설문조사에서 코칭의 질과 빈도가 매우 낮게 나타날까?

한 가지 이유는 리더가 코칭과 연말 평가를 구분하지 못하기 때문이다. 나는 이것이 최근 몇 년간 평가에 대한 높아진 관심이 가져온 불행한 결과라고 생각한다. 예를 들어, 다수의 기업이 다양한 버전의 '360도 피드백'을 채택했다. 한 개인이 직원, 동료, 상사, 심지어 고객과 판매상 등 다양한 관점에서 피드백을 받는 것이다. 거의 모든 조직이 이 도구를 연말 인사고과와 기타 직원들을 평가하기 위해 사용한다.

360도 평가나 다른 유사한 도구는 더 큰 개발 시스템의 일부이다. 하지만 많은 리더들이 연말 평가가 누군가를 코치하는 가장 적절한 시기라는 잘못된 생각을 갖고 있다. 자료가 쌓였고 검토자도 준비를 마쳤으며 시간도 마련했기 때문이다. 게다가 고위 리더들은 수많은 사람에 대한 인사고과를 매기기 때문에 에너지가 고갈되는 경우가 허다하다. 늦여름에 인사고과를 작성하는 데 많은 시간을 할애하는 까닭에 피드백을 위한 시간을 따로 낼 엄두가 나지 않는다. 그러니 그냥 연말 인사고과를 하면서 피드백도 같이 주기로 마음먹는다.

하지만 이는 그릇된 행동이다. 일반적으로 연말 평가에는 받는 사람에 대한 일종의 '평결'이 담겨있다. 연말은 직원들이 보상, 인사고과 등급, 승진에 영향을 미치는 행동을 하기에 너무 늦다. 그런 까닭에 건설적인 피드백에 따라 개선에 도움이 되는 조치를 할 자세가 되어 있지 않다. 대개 긴장하고 방어적인 태도를 보인다. 그들은 평가가 '끝나자마자' 결과를 기다리던 가족들로부터 전화가 올 것이라는 사실을 알고 있다.

다시 말하지만, 배심원들이 이미 최종 결정을 내리고 법정으로 향하고 있을 때는 새로운 마음으로 재도전하기에 너무 늦다. 연말 평가에서 직원들은 예상하지 못한 피드백을 받으면 화가 나거나 심지어 평가자에게 배신감을 느끼기도 한다. 연말 평가에서 부정적인 평가를 받은 직원은 그 상황을 매우 심각하게 받아들인다. 업무에 반드시 필요한 신뢰 관계가 돌이킬 수 없을 만큼 손상될 수도 있다. 기습당한 직원은 조직에 대한 믿음과 사기가 떨어지고, 이직 생각이 커질 수도 있다. 그러다 '갑작스럽게' 회사를 그만두는 일이 생기기도 한다.

정리하면, 코칭은 반드시 연중에, 연말 검토가 시작되기 훨씬 전에 이루어져야 한다. 받는 사람이 그를 바탕으로 조치를 하고, 개선하기 위해 노력할 수 있는 충분한 시간을 가질 수 있도록 연초에 일찍 실시해야 한다. 그래야 연말 인사고과에서 원하는 결과를 얻을 수 있다.

서프라이즈는 금물

내가 연말 인사고과에서 항상 따르려고 노력했던 규칙은 '서프라이즈는 금물'이었다. 다시 말해서 연말 인사고과를 통해 처음으로 직원에게 건설적인 비판을 했다면 큰 실수를 한 것이다. 이 규칙은 평소에 직원이 거둔 성과를 평가하고, 그에 따라 적극적으로 코치해야 한다는 사실을 상기해준다. 이렇게 하면 직원들은 자신들이 공정한 환경에서 일하고 있으며, 피드백이 마음에 들지 않을 수도 있지만 그것이 학습과 성장을 위한 것이라는 믿음을 가질 수 있다.

많은 베스트 프랙티스best practice(모범 사례)는 심각할 정도로 스트레스를 주는 경험에서 나오는 경우가 많다. 골드만삭스에서 일할 때 나는 일 년에 두 번 있는 파트너 승진과 관련한 문제 때문에 스트레스를 가장 많이 받았다.

나에게는 파트너로 승진하기를 간절히 원하는 훌륭한 직원들이 많이 있었다. 골드만삭스의 파트너 승진 심사는 유능한 후보자들이 많아 경쟁이 매우 치열했다. 그중에는 다른 회사에서 매력적인 제안을 받았지만 골드만삭스의 문화와 최고를 위한 헌신, 그리고 무엇보다 승진 가능성 때문에 계속 머물기로 한 사람들도 많았다. 훌륭한 후보자에게 올해는 떨어졌으니 다음 기회를 기다리라고 말하는 것이 내가 관리자로서 가장 하기 힘들었던 일이다. 이런 말을 들으면 상대는 화를 내거나 상황에 따라 배신감을 드러내기도 했다.

이 힘겨운 통보를 통해 나는 직원들이 연말 평가보다 훨씬 앞서 코치를 받는 것이 절대적으로 중요하다는 사실을 배웠다. 그래서 일 년에 여러 차례 코칭을 실시했다. 그들의 강점과 약점, 개선 방법에 대해 솔직하게 대화를 나누는 형태였는데, 이런 토론은 직설적이고 횟수가 많을수록 좋다. 나는 승진 심사에서 떨어진 후보자가 실망하는 기색을 보이면, 일 년 동안 진행한 코칭 토론을 짚어가며 그것이 승진 결정에 어떤 영향을 주었는지 말해주었다. 코칭은 후보자들이 승진에 필요한 것들을 준비하고, 결과적으로 회사에 계속 남아 있도록 해주었다.

승진 심사 경험은 혹독하기는 했지만 모든 직원에게 원하는 것을 줄 수는 없다는 깨달음을 주었다. 하지만 모두가 부족한 점을 개선하고 최선을 다하도록 도와줄 수는 있다. 적극적으로 투명하게 그들을 지도하면 성과가 개선되고, 실망스러운 소식을 들어도 그들이 존경심과 믿음을 잃지 않고 계속 회사에 남을 가능성이 커진다.

준비에는 시간이 걸린다

관리자가 코칭을 제대로 하시 못하는 두 번째 이유는 코칭을 제대로 하려면 많은 준비가 필요하기 때문이다. 새로운 젊은 관리자들을 위한 가장 중요한 리더십 교훈은 직원들을 효과적으로 코칭하기 위해서는, 준비 시간이 필요하다는 사실이다.

나는 간부들에게 '코칭할 시간이 없다'라는 말을 자주 듣는다. 하지만 그게 과연 사실일까? 인재를 유치하고, 유지하고 개발하는 것은 리더가 해야 하는 가장 중요한 일 중 하나이다. 그렇다면, 당신은 이 우선순위에 집중할 시간을 만들어야 한다. 앞서 살펴본 시간 관리 문제를 생각해보자. 코칭보다 훨씬 덜 중요한데 시간을 많이 할애하는 일에는 어떤 것이 있는지 살피고 그 일을 그만두어라. 바로 밑의 직원을 코칭할 시간이 없다면 밑에 직원이 너무 많다는 뜻일 수도 있다.

이 점은 아무리 강조해도 지나치지 않다. 코칭은 리더의 핵심 업무이다. 많은 조직들이 핵심 인재를 유지하고 관리하는 데 실패하는 이유는 리더가 코치로서의 역할을 제대로 하지 않기 때문이다.

앞에서도 말했지만 코칭을 위해서는 대상에 대한 직접적인 관찰 또는 주변 동료를 인터뷰할 필요가 있다. 리더는 이를 위해 시간을 투자해야 한다. 이사회는 코칭에 필요한 정보 수집 업무를 다른 사람에게 맡겨야 한다고 생각할 수도 있지만, 관리자는 직원들에 대한 정보를 반드시 직접 수집해야 한다. 조직 외부의 코치가 이 작업을 도울 수는 있지만 그들이 리더의 의무까지 대신해주는 것은 아니다. 직원들은 당신의 피드백을 받고 싶어 한다. 그들은 당신이 개인적으로 관찰하고 동료들과 나눈 대화를 바탕으로 자신들을 어떻게 평가하는지 궁금해한다. 결국 그들에 대한 보상이나 승진 결정은 당신이 하기 때문이다. 그들은 당신의 피드백이 필요하고 그걸 받을 자격이 있다. 다른 업무는 위임할 수 있지만 이것만은 그럴 수 없다. 반드시 시간을 마련해야 한다.

곤란한 상황에 대한 두려움

조직 내에서 코칭이 제대로 이루어지지 않는 또 다른 이유는 곤란한 상황에 맞서는 데 용기가 필요하기 때문이다. 어떤 리더는 관찰을 하고 자료를 수집해서 직원의 약점을 분명하게 파악한다. 하

지만 그러고도 정말로 어쩔 수 없는 상황이 되기까지 약점을 말해
주지 못하고, 개선 방법도 제안하지 못한다. 그 어쩔 수 없는 상황
이란 직원들에게 승진 심사에서 떨어지거나 성과급이 예상보다 적
은 이유를 설명하거나 최악의 경우 해고 소식을 전해야 할 때이다.
그 직전까지 직원은 상사를 좋아하고 존경했을지도 모른다. 하지만
그 순간 화가 머리끝까지 나서 상사에 대한 신뢰와 존경심이 사라
질 가능성이 크다.

솔직하게 피드백을 하면 직원이 자신을 싫어하게 될까 봐 두려
운 것이다. 계속 좋은 관계로 있다가 나쁜 소식을 전하는 순간 원망
의 대상이 되겠는가, 아니면 변함없이 존경받고 싶은가? 피드백을
주면 직원의 사기가 떨어질까 봐 걱정스러운가?

나는 상사에게 너무 많은 코칭을 받았다는 이유로 회사를 그만
두는 사람은 보지 못했다. 코칭이 건실적으로 이루어졌다는 전제가
있다면 말이다. 반면에 연말 전에 솔직한 피드백을 받지 못해 상사
에 대한 믿음이 깨져 회사를 떠나는 사람들은 많이 보았다.

그들은 어디로 갔을까? 대부분이 코치를 받고, 새로운 것을 배울
수 있는 직장을 찾아갔다. 그들은 리더들이 중요한 사안에 대해 쉬
쉬하기보다는 솔직하고 도전적으로 일하는 조직을 원했다. 그런 조
직의 리더들은 직원들이 현실을 직시하도록 도와주고 그들의 존경
과 신뢰를 얻었다.

하버드의 리더십 강의를 듣던 젊은 리더 하나가 공산품을 제조
하는 대기업의 사업부를 이끌게 되었다. 그녀는 직접적이고 직설적

인 코칭의 중요성을 강조하는 강의를 듣고 나를 찾아왔다.

"저는 사람들에게 나쁜 말을 할 수 없을 것 같습니다. 어떤 부분에 개선이 필요하다고 말하기가 어려워요."

"이유가 뭐죠?" 내가 물었다.

"잘 모르겠어요. 대립하는 것이 두려운지도 모릅니다. 아직 경험이 부족해서일 수도 있고요. 전 사람들의 기분을 상하게 하는 게 싫거든요. 사람들이 다 날 좋아하기를 바라는 것 같기도 합니다." 그녀는 평소에 솔직하게 코칭해주지 않고 연말에 갑작스럽게 성과급에 관한 부정적인 메시지를 전달하는 바람에 직원들과의 관계가이미 나빠졌다고 말했다. 몇몇은 그녀가 '수동 공격적'이라고 비판했다. 그녀는 어떻게 효과적으로 피드백을 전달해야 하는지 혼란스럽다고 솔직하게 말했다.

나는 그녀에게 몇 가지 조언을 해주었다. 첫째, 그녀가 모든 사람을 만족시키려 하고 대립을 두려워하는 것에는 뿌리 깊은 근본적인 이유가 있을 것이다. 삶을 돌아보며 대립을 두려워하게 된 이유를 생각해보라고 말했다. 가족과 친한 친구들로 이루어진 '지원팀'이 있다면 그들과 대화해보는 것이 도움이 될 것이다. 또한 심리상담이나 정신과 상담을 받아보는 것도 좋은 방법으로, 이 문제에 대해 자신을 더 잘 이해할 수 있게 될 것이라고 말해줬다.

비즈니스 스쿨 교수가 정신 건강 전문가와의 상담을 권유해서 깜짝 놀랐는가? 효과적인 리더십을 방해하는 장애물은 내면에 있는 경우가 많다. 어떤 방법으로든 내면의 두려움을 마주하고 보살

리더십 탐독

피면, 더 유능한 리더가 될 수 있다. 도움이 필요하다면 적극적으로 이용해야 한다.

둘째, 부정적인 피드백을 주는 것을 좋아하는 사람은 아무도 없다. 스트레스를 줄이고 두려움을 극복하는 방법으로 코칭을 위한 '과도한 준비'를 권했다. 예를 들어, 코칭 대상의 동료들을 광범위하게 인터뷰한다. 할 말을 생각해보고 거울 앞에서 연습하는 것도 좋은 방법이 될 수 있다. 신뢰할 수 있는 동료와 역할극을 하면서 코칭을 리허설해볼 수도 있다. 마지막으로 직원들이 분노하는 이유를 생각해보라고 했다. 나는 정말 수동 공격적인 사람인가? 업무 성과를 높일 필요가 있다는 말을 해주지 않는 것이 정말로 '좋은' 사람이 되는 길인가?

그녀는 몇 주 후에 다시 나를 찾아왔다. 내 조언을 받아들여 직원 한 명에게 생산적인 코칭을 해주었다고 말했다. 그 후 놀랍게도 그녀는 자신에게 '훌륭한 코치가 될 수 있는' 잠재력이 있을지도 모른다고 생각했다. 능력을 타고나는 사람은 극소수일 뿐 코칭 기술을 개발하려면 노력과 준비, 연습이 필요하다는 것도 깨달았다.

학습과 코칭 환경을 만드는 4단계

코칭이 영업, 재무, 소통, 전략 기술만큼 중요하다고 생각한다면, 이제 다음 질문에 답해야 한다. 고위 간부들이 좀 더 좋은 코치가 되도록 하기 위해서는 어떻게 훈련해야 할까? 네 가지 핵심 요소는 다음과 같다.

1단계: 준비와 인센티브

코칭에는 시간이 걸린다. 리더는 관리자들이 한 해 동안 직원의 강점과 약점을 파악하고, 그들과 직접 개선해야 할 부분과 방법을 토론하며, 정기적으로 진행 상황을 모니터링하고, 필요하다면 추가로 조언을 하도록 해야 한다.

기업은 훌륭한 코칭 능력을 더 높은 자리의 관리자로 승진시키는 조건이자, 성과급을 결정하는 중요한 요소로 본다. 리더로서 관리자들의 업무를 평가하면서 좋은 코치가 되는 것의 중요성을 강조하고 있는가?

2단계: 구체적이고 실행 가능한 피드백과 해결책

피드백이 효과가 있으려면 구체적이어야 하고, 기술에 초점을 맞춰야 하며, 실행 가능해야 한다. 인신공격으로 변질하거나, 모호해서는 안 된다. 제안하는 개선 방법도 반드시 구체적이고 실행 가능해야 한다.

이와 관련한 나쁜 예로는 다음과 같은 것이 있다. 리더는 직원들에게 종종 '프로필을 업그레이드 하라'고 말한다. 솔직히 나는 이게 무슨 뜻인지 모르겠다. 이러한 모호한 조언은 리더가 피드백 제공을 위한 준비를 하지 않았을 때 나온다. 애매한 조언은 혼란을 일으

킨다. 설상가상으로 직원이 정말로 해결해야 할 기술과 관련한 약점을 깨닫지 못하게 만든다.

마찬가지로 '바보 같은' 행동을 했다는 말도 별로 좋은 피드백이 아니다. 행동을 분석하고 앞으로 어떻게 변화를 꾀해야 하는지 조언하려고 한다면 말이다. 방향을 분명히 알려주지도 않으면서 상대를 모욕하고 기분 상하게 할 위험이 있다.

다시 한 번 강조하지만 피드백은 구체적이고 명확하며 실행 가능해야 한다!

3단계: 업데이트와 후속 조치

전략을 세운 후 오랫동안 업데이트하지 않는 기업은 없을 것이다. 코칭도 마찬가지가 되어야 한다. 현실적인 의미에서 코칭은 전략의 세부 사항을 추진하는 데 도움이 되는 행동이기 때문에 업데이트와 후속 조치가 꼭 필요하다.

조직의 니즈는 변한다. 직원들의 꿈도 바뀐다. 직원들은 현재 하고 있는 업무를 성공적으로 처리하는 방법뿐 아니라, 한 차원 높은 다음 과제를 해결할 수 있도록 도와주는 실력을 쌓는 방법에 대해서도 코칭을 받고 싶어 한다. 따라서 효과적인 코칭을 위해서는 그들이 원하는 다음 과제가 무엇인지 알아야 도와줄 수 있다.

예를 들어, 훌륭한 영업 사원은 영업 관리자가 되고 싶어 할 수 있다. 그는 이 꿈을 이루기 위해 기회가 왔을 때 잡을 수 있도록 필요한 기술을 연마하는 데 도움이 되는 도전과제를 원할 것이다. 직원의 비전은 무엇이며 언제, 어떻게 거기 도달할 수 있는가? 그의 목표에 도움이 되는 코칭과 업무 과제는 무엇인가? 언제, 어떻게 진행 상황을 살필 것인가?

4단계: 주인의식을 갖는 문화 만들기

리더는 모든 사람이 피드백을 주고받도록 만들어야 한다. 조직에서 피드백은 누구 담당인가? 나는 골드만삭스에서 리더에게 피드백을 받아 자신의 강점과 약점을 알고 그에 따라 개선책을 찾는 것은 100퍼센트 직원의 일이라고 말했다. 또한 리더들에게는 직원에게 피드백을 주는 것이 100퍼센트 그들의 일이라고 얘기했다.

웃기려고 한 말이 아니다. 직급이 낮은 사람들은 피드백을 받는 어려운 일을 책임져야 하고, 직급이 높은 사람들은 피드백을 주는 어려운 일을 해내야 한다는 뜻이다. 양쪽이 모두 이런 태도를 가져야 코칭이 효과적으로 이루어진다. 이런 환경에서는 모든 직원이 개발에 투자하고, 피해자도 없으며, 성장과 배움과 발전 기회에 대한 확신이 생긴다.

모두가 승진하거나 최고 수준의 성과급을 받는 것이 궁극적인 목표가 될 수는 없다. 대신, 잠재력을 발휘할 기회를 모든 직원에게 주는 것이 목표가 되어야 한다. 예를 들어, 훌륭한 코치들이 인정받고, 직원들이 자기개발 '경험담'을 이야기하며, 효과적인 코칭을 찾아 받은 결과 큰 진전을 이룬 사람들은 격려를 받는다. 리더가 리더십을 제대로 발휘한 이러한 이야기들은 회사 전체로 퍼져나가고 스스로 뿌리내려서 당신이 원하는 조직 분위기가 정착하는 데 도움이 된다.

기업이 목표를 달성하지 못했을 때 실패의 원인을 추적해보면, 중요한 자리에 있는 리더의 능력 부족이 이유인 경우가 많다. 그들이 부족한 이유는 기업이 인재를 유치하고 보유하고 개발하지 못했기 때문일 수 있다. 좀 더 깊이 파고들면 코칭과 학습 분위기가 정착되지 않았다는 사실이 드러날 것이다. 훌륭한 코칭 문화가 자석처럼 유능한 사람들을 끌어들이는 것은 결코 우연이 아니다. 이 엄청난 경쟁 우위를 반드시 손에 넣기 바란다.

최선을 다해 피드백을 구하라

"정상의 자리는 고독하다."

흔한 말이긴 하지만 미국의 가수이자 작곡가인 랜디 뉴먼Randy Newman은 그런 내용이 담긴 노래도 만들었다. 미국 대통령들도 자주 하는 말이다.

개인적으로 내가 이 말을 이해하게 된 것은, 큰 비즈니스를 운영하게 된 후였다. 경력이 많아질수록 더 큰 책임을 맡게 되면서, 사람들이 나를 더 잘 대해주고, 칭찬도 더 많이 하며, 사무실로 찾아와서 말을 할 때도 좀 더 신중을 기한다는 것이 느껴졌다.

처음에는 으쓱한 기분이 들었다. 하지만 시간이 지나면서 사람들이 예전과는 달리 뭔가 쉬쉬하는 듯하고, 말을 편하게 하지 못하는 것처럼 보였다. 그래서 돌아가는 상황을 제대로 파악하려면 더 많이 노력해야 했다. 그 회사에서 보낸 마지막 3년 동안에는 CEO의 사무실이 있는 층에서 근무했는데 그곳은 오가는 사람들도 적었고, 전에 있던 곳보다 훨씬 조용했다. 그리고 사람들은 그 층에 오면 약간 겁을 먹었고, 최대한 조심스럽게 행동했다. 나는 갑자기 현실과 멀어지기가 훨씬 쉬워졌다는 사실을 깨달았다.

큰 조직을 운영하는 리더들에게 조언하는 일을 하게 되면서 정상의 자리는 외롭다는 말이 점점 더 실감 났다. 리더들은 조직 내에서 고립되는 경우가 많은데 그 결과 리더와 조직이 심각한 상황에 처할 수 있다.

'가장 높은 자리'에 오른 당신은 분명 중요한 업무를 효과적으로 처리할 수 있는 여러 가지 기술을 갈고 닦은 상태일 것이다. 하지만 유감스럽게도 구체적인 방법을 마련하지 않으면, 나쁜 뉴스는 전해 듣기 어려울 수 있다. 그 결과 당신에게 꼭 필요한 피드백을 심각한 문제가 발생하고 나서야 받게 될 것이다. 당신은 본의 아니게 좋지 않은 이야기는 듣고 싶어 하지 않는 사람처럼 보일 수도 있다. 그 결과 회사에서 '중요한' 높은 자리에 있는 리더일수록 직원들이 나쁜 소식을 전하지 않을 가능성이 커진다.

실무 부서에서 동떨어진 경영진의 사무실에 앉아 있으면 문제가 더욱 악화할 수 있다. 이런 모습은 백악관을 찾는 사람들에게서 종종 찾아볼 수 있다. 그들은 현 대통령의 정책에 동의하지 않더라도 일단 대통령의 집무실에 들어가면 대통령을 자극할 만한 말은 피하는 경향이 있다. 숨 막히는 분위기와 으리으리한 집무실의 모습에 겁을 먹는 것도 이해할 만하다. 그들은 대화가 긍정적으로 흘러가도록 하고, 대통령에게 좋은 인상을 심어주려고 애쓴다. 대통령이 달가워하지 않을 수도 있는 사안은 살짝 건너뛴다.

사업에서도 비슷한 상황이 발생한다. 사람들은 동료에게는 CEO가 무엇을 잘못하고 있고, 무엇을 바꿔야 하는지 등 불만을 거리낌 없이 말한다. 그러나 아이러니하게도 그들 중 다수가 CEO와 직접 대화할 기회가 생기면 하고 싶은 말을 분명하게 하지 못한다. 왜 그럴까? CEO에게 좋은 인상을 주고 싶고, 파장을 일으키고 싶지 않기 때문이다. 그 결과, 조직 내에서 한동안 떠돈 건설적인 비판의 말이 맨 마지막에야 귀에 흘러 들어온다.

따라서 리더는 필요한 조치를 하고, 때로는 지나칠 정도로 애를 써서라도 필요한 피드백을 얻기 위해 노력해야 한다.

하향 피드백 받기

조직이나 주요 사업을 이끄는 대표가 되면, 자기보다 높은 사람들과 보내는 시간이 많지 않을 것이다. 상급자들이 정기적으로 당신을 직접 관찰하거나 평가하지 않는 것이다. 함께 시간을 보내더라도 보통은 당신이 여러 가지 일들을 처리하는 모습을 관찰할 수 있는 환경은 아니다. 대부분 회의 같은 것을 하면서 서로의 의견을 듣는 정도다. 배경은 회의실인 경우가 많다. 그리고 보통 일정이 정해져 있다. 그러므로 거의 정해진 대화만 하기 마련이다. 그들은 당신이 업무를 처리하거나 직원이나 고객과 상호작용하는 모습을 지켜보지 않는다. 따라서 상관들은 그런 배경에서 당신이 어떻게 일하는지 잘 알지 못한다. 설상가상으로, 당신은 이제 세련된 프레젠테이션 능력을 갖추었을 것이므로, 상관들은 당신의 다른 능력도 그렇게 뛰어날 것이라고 지레짐작한다.

이는 어떤 결과로 이어질까? 그들이 리더에게 주는 한정적인 피드백은 리더의 동료, 연말 평가, 방금 말한 폐쇄적인 환경에서 보여준 모습을 바탕으로 할 것이다. 사람들의 뒷이야기나 소문으로 들려오는 정보도 영향을 끼칠 수 있다.

앞에서 예로 든 너무 늦게 피드백을 받은 직원들의 이야기처럼 당신도 상관이나 이사회가 당신에게 문제가 있다는 사실을 '발견'할 때쯤이면 아마도 문제가 걷잡을 수 없을 정도로 커졌을 것이다. 이렇게 되면 문제를 해결하기가 매우 어렵다. 쉽게 보완할 수 있었던 약점이 당신의 평판에 금이 가게 할 수도 있다.

이사회는 CEO의 장점과 약점을 제대로 파악하지 못하는 경우가 많다. 발표 실력이 탁월한 CEO는 이사회가 보기에 매우 유능해 보일 수 있다. 하지만 이런 정치적 능력은 '리더'의 능력과 관련이 있는 성과 문제를 가려 판단을 어렵게 만든다. CEO를 정확하게 파악할 수 있는 프로세스를 갖추지 못한 이사회는 회사 운영에 차질이 생기거나, 중요한 간부가 빠져나가기 시작하면 그제야 문제가 심각하다는 것을 깨닫는다.

이러한 이유로, 많은 이사회가 CEO의 상대적인 강점과 약점에 대한 정보를 얻기 위해 360도 평가를 실시한다. 가끔 CEO들은 이 과정이 위협적으로 느껴진다고 털어놓는데, 그럴 때면 나는 극복해야 한다고 말해준다. 이 과정을 제대로 밟으면, 이사회 구성원들이 CEO가 코칭과 구체적인 도움을 필요로 한다는 것을 깨닫게 된다. 그 결과 CEO의 경력은 단축되는 것이 아니라 연장되기 마련이다.

CEO에게도 코칭이 필요하다

어느 공산품 기업의 CEO는 몇 달 동안 최악의 경제 위기를 헤쳐 오면서 극적인 구조조정으로 이어지는 중요한 전략적 결정을 내려야 했다. 이사회는 CEO를 신뢰하고, 그의 결정을 전폭적으로 지지했다.

하지만 몇몇 이사는 직접적 또는 간접적으로 CEO의 '리더십 스타일'에 대한 여러 가지 부정적인 피드백을 전해 들었다. 예를 들어, 기업의 중요한 클라이언트가 한 이사에게 이 회사의 분위기가 매우 좋지 않다는 말을 들었다고 말했다. CEO가 굉장히 독선적이고 고위 리더들 사이에 '같은 편과 다른 편'의 구분이 생겼으며, 다른 사람들의 말에 전혀 귀 기울이지 않는다는 소문이 퍼졌다는 것이었다. 다른 이사도 회사 밖에서 비슷한 소문을 들은 적이 있다고 했다. 또한 CEO의 리더십 스타일에 불만이 있는 회사 간부가 이사들을 찾아오기도 했다.

이사회에는 CEO에 대한 360도 피드백 제도가 마련되어 있지 않았다. 이사회는 연말에 CEO에 대한 평가를 실시했는데 수익률, 주가 성적, 시장점유율 데이터처럼 주로 운영과 전략에 관한 측정 기준을 달성했는지를 살폈다. CEO에게는 코치가 없고 대신 이사 두명을 '멘토'로 두었다. 그들은 CEO의 조언자 역할을 하려고 했지만, 그를 위해 하는 일이라고는 분기에 한 번씩 저녁 식사를 같이 하는 것뿐이었다.

이런 상황은 이사회에 심각한 딜레마가 되었다. 이사회는 나에게 다음 정기회의 때 조언을 해달라고 부탁했다. 회의 때 우리는 '멘토링'의 한계와 CEO에게 코치가 절실하게 필요하다는 데 의견 일치를 보았다.

쉬운 일은 아닐 터였다. 이사회가 매일 그를 관찰할 수도 없고, 그에 관한 피드백을 수집하는 시스템이 마련되어 있지도 않았기 때문이다. 이사회는 CEO를 깎아내리는 것을 원치 않았지만 그를 코칭하고 궁극적으로 그가 거둔 성과를 평가할 의무가 있다는 것을 잘 알고 있었다.

우선 그들은 가까운 시일 내에, CEO가 코칭을 받게 해야 한다는 것에 동의했다. 이제 막 CEO가 된 그에게 리더십을 발전시키는 방법에 관한 더 많은 피드백이 필요한 것은 당연했다. 그는 피드백을 받은 후 문제점을 개선하기 위한 조치를 할 필요가 있었다.

회의가 끝난 후 이사회는 CEO에게 문제를 제기했다. 그들은 외부 코치를 고용해 그와 함께 작업하기로 합의했다. 코칭 과정을 CEO 평가와 분리하기로 한 것은 현명한 선택이었다. 첫해에는 코치가 피드백할 때 성과 평가보다는 개발에만 집중하도록 했다. 다음 해에는 360도 평가 시스템을 도입해 이사회가 그 평가를 통해 나온 정보를 연말 평가와 통합하기로 했다.

2주 후에 훌륭한 외부 코치를 뽑았고, 곧바로 CEO와 첫 만남을 가졌다. 코치는 그다음에 CEO와 자주 접촉하는 직원 20명 정도를 인터뷰했다. 참가자들에게는 피드백이 익명으로 처리될 것임을 약속했다. 외부 코치는 피드백 자료를 모은 뒤 CEO와 함께 검토했다. 그리고 이사회 의장과 이 평가를 위해 선출된 두 명의 이사도 각각 자료를 검토했다.

피드백 결과 CEO의 경영 스타일을 개선할 필요가 있음이 밝혀졌다. CEO는 깜짝 놀라기는 했지만 화를 내지는 않았다. 코치는 그와 함께 해결책을 찾았고, 이사 세 명도 CEO에게 조언을 해주었다. 결과적으로 코칭이 매우 바람직한 결과를 가져왔다는 사실이 증명되었다. CEO는 문제점을 개선하기 위해 적극적으로 노력했다. 그는 사람들과 좀 더 가깝게 접촉해 능동적으로 피드백을 얻을 필요가 있음을 깨달았다.

이사회도 생각을 바꿨다. 그들은 그동안 코칭의 중요성을 망각했다는 사실과, CEO가 만들어놓은 체계적이지 못한 멘토링 프로세스만으로는 충분하지 않다는 것을 깨달았다. 이사회는 이러한 경험을 통해 정식으로 코칭 과정을 마련하기로 결정했다.

직원에게 피드백을 부탁하라

앞에서 말한 것처럼 고위 리더의 자리에 오르면 상사를 만날 일이 별로 없기 때문에 하향식 피드백을 얻기 힘들다. 반면 직원들은 리더가 일하는 모습을 볼 기회가 많다. 따라서 리더의 약점도 알고 있을 것이고, 리더가 문제를 해결하기 위해 어떤 방법을 써야 하는지도 파악하고 있을 것이다.

어떤 사람들은 직원들이 리더의 단점에 주목한다는 사실 자체에 위협을 느낀다. 하지만 이들을 당신이 가진 가장 훌륭한 자원으로 생각하기 바란다.

물론 문제는 이 사람들이 소중한 피드백 저장고이기는 하지만 피드백을 조기에, 자주 받으려면 리더가 주도적으로 조치를 해야 한다는 것이다. 그렇지 않으면, 연말 평가에서 처음으로 '360도' 피드백을 받게 될 것이다. 솔직한 피드백으로 인해 경력이 끝장나기를 바라지 않는 직원들은 리더에게 건설적인 비판을 해주려고 하지 않을 것이다. 결과적으로 당신은 직원들에게 피드백을 얻기가 힘들 수밖에 없다.

유능한 간부는 직원과 대화를 통해 가치 있는 피드백을 얻는 방법을 배운다. 사실 이는 적어도 초기에는 쉬운 일이 아니다. 무엇보다 그룹보다는 일대일로 대화를 진행해야 한다. 직급이 낮은 직원들은 다른 사람들 앞에서 리더를 솔직하게 비판하려고 하지 않을 것이다. 일대일 미팅이라면 솔직하게 털어놓을 가능성이 크다. 하지만 이 경우에도 직원들에게서 유용한 정보를 끌어내려면 연습이 필요하다.

내가 직원에게 건설적인 피드백을 요청하면, 그들은 우선 내가 모든 면에서 '아주 잘하고 있다'라고 말한다. "내가 어떤 점을 고쳐야 할까요?"라고 계속 물으면 "고칠 게 없는 것 같은데요"라고 대답한다. "분명히 있을 겁니다!"라고 추궁해도 이렇게 말할 뿐이다. "정말 없는데요. 생각나는 게 없어요."

그러면 편안하게 앉아서 좀 더 생각해보라고 한다. "시간은 많으니까요." 그러면 그때부터 어색한 침묵이 시작되고, 차츰 직원들의 이마에 땀방울이 맺힌다. 어쩌면 이렇게 생각할지도 모른다. '맙소사, 이 사람 진심이잖아. 도대체 뭐라고 말해야 하지?'

드디어 그들은 마음속으로 생각하기는 했지만 입 밖으로 내기는 두려웠던 사실을 실토한다. 그 '무언가'는 종종 충격을 안겨준다. 내가 보기에도 사실이며, 아마도 조직 내의 많은 사람들이 알고 있는 일일 테니까.

이럴 수가! 이런 과정을 직접 겪어본 적이 있다면 잘 알 것이다. 침착함을 유지하고 그들의 피드백에 감사를 표현한 다음에 친한 친구나 가족에게 전화를 걸어 이 비판의 내용이 사실인지 알아봐야 한다. 분명 그들은 잠깐 망설이다가 이렇게 말할 것이다. "음, 맞아. 너 정말 그래."

자, 그럼 이제 당신은 이 약점을 보완하기 위한 행동에 나서야 한다. 당신이 자기개발에 적극적이라면 분명히 고칠 수 있다. 내 경험상 이 싸움의 9할은 피드백을 얻는 것이다. 자신의 약점을 깨닫기만 하면 개선하는 방법은 거의 확실하게 찾을 수 있다.

시간이 지난 후 진실을 말해준 직원을 찾아가 감사를 전하고, 그들이 알려준 약점을 보완하기 위해 노력하고 있다고 알려주기 바란다. 나아가 나중에 자신이 실제로 약점을 극복했는지 피드백을 해달라고 말해도 된다. 그러면 직원은 자신이 회사를 위해 중요한 일을 했다는 사실을 깨닫고 큰 동기부여가 될 것이다. 그리고 이 이야기는 회사 전체로 퍼져나갈 것이다. 나중에 그 직원이나 다른 직원은 개선되기를 바라는 일이 있으면 기꺼이 당신의 사무실로 찾아와 조언해줄 것이다. 이 일 역시 회사에 소문이 난다.

인기를 얻거나 상사가 밑의 직원에게 조언을 구하는 모습을 사람들에게 '보여주기 위해' 이렇게 하라는 것이 아니다. 그들의 조언은 성과를 개선하는 데 도움이 되는 발 빠른 경고 시스템이기 때문이다. 이를 제도화하기 위해 개별 직원으로 이루어진 코치 그룹을 꾸려서 정기적으로 일대일 미팅을 하면서 솔직한 피드백을 얻는 것도 좋은 방법이다. 당신이 진정으로 피드백을 원한다는 것과, 그들이 '듣기 좋은 말'만 하는 것보다 문제점을 지적해주면, 그들의 커리어에도 도움이 될 것이라는 말로 그들을 설득해야 한다.

당신이 그들의 조언을 따르면, 그들의 행동에도 긍정적인 변화가 일어난다. 당신이 회사의 발전을 위해 진실을 듣고 싶어 하는 리더라는 메시지가 전달되기 때문이다. 만약 리더가 진심으로 건설적인 비판을 받기를 원하고, 학습과 개선에 의욕적인 모습을 보이면 직원과 동료들은 리더를 돕고 싶어 할 것이다.

이러한 문화가 발달하면, 리더가 회사나 리더 자신의 경력에 해가 되는 일을 하기 전에 직원들이 경고를 해줄 것이다. 그들은 개인적으로 리더가 환경의 변화에 적응하도록 도와주고, 개선이 필요한 부분을 찾아낼 수 있도록 협력한다. 그러면 당신은 높은 자리에서도 훨씬 덜 외로울 수 있다.

물론 이 접근법은 리더가 학습과 적응, 건설적인 피드백 수용에 열린 태도를 보여야만 가능하다. 그러려면 자만심을 억누르고, 이제 높은 자리에 올랐으니 아무것도 배울 필요가 없다는 생각으로 같은 자리에 머무르는 일이 없어야 한다.

성공하는 기업의 학습 문화

나는 리더이자 조언자로서 기업의 성공과 실패에 항상 관심이 많았다. 실패하는 기업도 성공하는 기업과 같은 전략을 수행하고, 똑같이 유능한 인재를 고용하는 등 서로 차이가 없다. 그런데도 결과가 다른 이유를 나는 재능있는 사람들을 고용한 뒤 그들을 관리하는 방법이 다르기 때문이라고 생각한다.

성공하는 기업에는 학습하는 문화가 있다. 직급에 상관없이 모든 직원이 공부하고 배움으로써 잠재력을 최대한 발휘하기 위해 노력하는 것이다. 이러한 기업의 리더는 이를 위해 기대치를 설정하고, 교육 기회를 제공한다. 또한 직원들이 코칭을 받고, 코칭을 제공하는 일에 주인의식을 갖도록 만든다. 이러한 조직의 관리자들은 리더를 배출하고, 이직률을 최소화하며, 소중한 인적 자원을 활용하는 데 있어서 훨씬 더 뛰어나다.

이 장의 앞부분에서 던진 질문에 제대로 답할 수 있을 때 당신과 회사는 비전을 달성하고 우선순위를 지킬 수 있을 것이다. 이를 위해 리더는 반드시 시간을 투자해야만 한다. 어떤 코칭 과정은 다른 사람에게 위임할 수도 있지만, 바로 아래 직원을 코칭하는 책임은 당신에게 있다. 그러니 주인의식을 갖기 바란다!

다음 장에서는 효과적인 승계 계획의 전제 조건인 인재 및 코칭 문화의 개발에 대해 살펴보겠다. 여기서 성공을 거두면 리더의 자리를 채울 훌륭한 인재 파이프라인을 구축할 수 있다. 이는 성공한 리더가 되는 지름길이기도 하다.

실행 계획

1 직원의 강점을 종이에 서너 가지 적는다. 성과 개선과 커리어를 위해 좀더 발전시켜야 할 필요가 있다고 생각하는 기술이나 과제도 몇 가지 적는다. 시간을 투자해 그들의 성과를 직접 관찰하고 조사해서 이 분석에 필요한 질문과 정보를 준비하고 정리한다.

2 각각의 직원과 당신이 관찰한 내용을 토론하고, 필요한 부분을 개선하기 위한 구체적인 방법을 찾는다. 연말 평가보다 최소 6개월 일찍 이렇게 하는 것을 추천한다.

3 자신의 강점과 약점을 솔직하게 적고, 그에 대한 솔직한 피드백을 요청할 수 있는 직원을 적어도 5명 뽑는다. 그리고 그들을 따로 만나 도움을 요청한다. 그 미팅에서 개선이 필요하다고 생각하는 과제나 기술을 적어도 한두 가지 알려달라고 부탁한다.

4 약점과 개선이 필요한 부분을 어떻게 처리할지 계획을 세운다. 직속 상관이나 신뢰할 수 있는 동료가 있다면, 당신이 개선해야 할 부분이 무엇이고 해결책은 무엇인지 조언을 구한다. 당신의 상황이나 직급에 따라 외부에서 코치를 고용하는 것도 고려한다.

5 직원들에게 그들 자신과 밑의 직원을 대상으로 이 방법을 실시하도록 권한다.

.

4장

필요한 사람을
어떻게
키울 것인가

승계와 위임

SUCCESSION PLANNING AND DELEGATION

⋮

중요한 자리를 이어받을 사람이 있는가?

당신의 후계자를 찾았는가?

찾지 못했다면, 무엇이 문제인가?

업무를 충분히 위임하고 있는가?

의사결정에 병목 현상이 발생했는가?

⋮

리더의 중요한 임무 중 하나는 '유능한 인재를 능력을 마음껏 발휘할 수 있는 자리에 앉히는 것'이다. 다시 말하자면 인재를 선발하고, 유지하며, 양성하고 적당한 위치에 배치하는 것은 조직의 성공에 필수적이다. 훌륭하게 비전을 실현하고, 우선순위를 실천하기 위해서는 거기에 필요한 인재를 양성해야 한다.

　효과적인 평가와 코칭 프로그램과 결합한 승계 계획은 당신이 조직을 키우고, 리더로서 성공하는 데 필요한 중요한 과제이다.

후계자 양성의 실패는 더 큰 문제로 이어진다

내가 아는 기업 리더들은 대부분 이 우선순위가 얼마나 중요한지에 대해 열정적으로 고개를 끄덕이며 동의한다. 몇몇은 고개를 끄덕이는 동시에 어깨를 으쓱하는데 아마도 너무 당연한 이야기이기 때문일 것이다.

하지만 좀 더 깊이 파고들면, 그 리더들이 회사의 주요 직책에 앉힐 후계자를 물색해두지 않았다는 사실이 드러난다. 사람들이 나에게 가장 많이 상의하는 '중대한 고민'이 거의 후계자를 키우지 않은 것이라는 사실을 그들은 알지 못한다.

이렇듯 인재를 제대로 관리하지 못하면 조직에 다른 문제들이 발생하기 마련이다. 그렇다면 이 리더들은 왜 이 문제를 해결하기 위해 적극적으로 나서지 않는 것일까? 이 책에서 다루는 다른 개념들과 마찬가지로 행동은 말보다 훨씬 어렵기 때문이다.

이 장에서는 승계의 중요성과 효과적인 위임 방법을 살펴보겠다. 적당한 후계자를 키우지 못하면 어떤 대가를 치르게 되는지도 알아볼 것이다. 당신의 자리를 포함해 주요 직책의 후계자를 찾지 못하면 필요한 만큼 업무를 위임하지 못하고, 중요한 의사결정을 내리기 힘든 상황이 벌어질 수 있다. 그 결과 부서를 운영하거나, 회사를 최고로 키우는 데 제약이 따를 것이다.

뛰어난 인재들은 중요한 업무의 할당과 효과적인 코칭을 통해 더 큰 책임을 지게 될 때를 대비해 훈련할 수 있는 기회를 주지 않는 회사에는 미련을 두지 않는다. 이렇게 잠재력 있는 인재를 잃는 것은 사무실 창밖으로 큰돈을 던져버리는 것과 같다.

이 장에서는 먼저 승계 계획을 살펴보고, 다음으로 업무 위임에 대해 알아보겠다. 비전과 최우선 순위를 달성하려면 중요한 업무를 위임해야 하는데 승계 계획은 누구에게 위임해야 하는지를 알려준다.

리더들이 위임을 포기하는 이유는 처음에는 일이 순조롭게 진행되지 않는 것처럼 보이기 때문이다. 이는 먼저 가장 뛰어난 인재가 누구인지 파악한 다음에 그들의 역량과 포부에 따라 업무를 위임하지 않았기 때문이다. 이런 리더들은 승계와 위임의 관련성을 알지 못한다.

승계 계획을 이해하고, 효과적인 프로세스를 구현하면, 리더들은 훨씬 더 광범위하고 효과적인 위임이 필요하다는 생각을 자연스럽게 받아들일 수 있다. 또한 그들은 위임에 대한 후속 조치로 더욱 대상에 맞춤화한 코칭과 조언을 해줄 수 있다. 그 위에 자연스럽게 승계 계획과 위임을 자신의 야망과 연결하게 된다.

장애물과 위험 요소가 많은 까닭에 이는 쉬운 일이 아니다. 그중 몇 가지를 살펴보겠다.

리더의 '친구들로만 구성된 팀'은 위험하다

역사학자 도리스 컨스 굿윈Doris Kearns Goodwin은 에이브러햄 링컨의 내각을 '라이벌로 구성된 팀'으로 묘사하고 링컨의 용감하고 때로는 직관을 거스르는 리더십 스타일이 가져온 결과를 연구했다.[1] 많은 리더들이 이 역사적인 리더십의 사례를 참고하고 깨달음을 얻었다. 하지만 기업 리더들은 '친구들로만 구성된 팀'을 만드는 함정에 빠지는 경우가 많다.

왜 그들은 그런 선택을 할까? 많은 리더들이 현재의 자리에 오르기 위해 오랜 시간 노력해온 까닭에 그 자리를 굳건히 지키려고 한다. 그들은 의식적으로나 무의식적으로 유능한 직원은 자신의 자리를 위협하는 존재라고 생각한다. 리더들은 머리로는 계승자 양성이 조직을 더 강하게 만든다는 사실을 알지만 깊은 불안감이 이성을 압도한다.

안타깝게도 나는 기업의 리더들이 자신의 자리를 지키고 싶은 마음에 그들에게 위협이 될 수 있는 인재 양성에 관심을 두지 않는 경우를 종종 보았다. 놀라운 것은 그 리더가 CEO일 경우도 있다는 사실이다. 혹은 미래의 CEO를 꿈꾸는 젊은 부서 책임자들일 때도 있다. 이들은 현재의 직책에 불안감을 느끼는 경우가 많은데, 불안감을 더 키울 수 있는 행동은 당연히 하지 않을 것이다.

겉으로는 승계와 위임을 준비하는 척할 수도 있고, 일종의 승계 계획을 실행할지도 모른다. 하지만 그들은 자신에게 개인적으로 충성하거나, 같이 일했거나, 관점이 비슷한 직원만 승진시킨다. 누가 이의를 제기하면, 그들은 다른 직원들이 그들만큼 유능하지 않기 때문이라고 말한다.

결국 그들은 더욱더 배타적이 되어, 실력이 뛰어나도 자신의 패거리에 속하지 않는 직원이나 동료들과는 어울리려고 하지 않는다. 안타깝게도 그 결과 고의로나 혹은 우연히 유능한 인재들이 회사를 떠난다. 또한 회사가 아닌 개인적으로 리더들에게 충성하는 팀이 생기고, 리더 팀의 결함으로 인해 치명적인 사각지대와 판단력의 공백이 생긴다.

보통은 위기가 발생해야만 이런 판단력의 공백이 드러난다. 하지만 위기가 닥칠 때쯤이면 상황을 바로잡기에 너무 늦은 경우가 많다. 절실하게 필요한 인재도 이미 회사를 떠난 지 오래다. 그 결과 회사는 장기적으로 심각한 피해를 입는다.

공기업에서는 이런 사안을 감시하고 투명한 승계가 이루어지도록 하는 것이 고위 리더들과 궁극적으로는 이사회가 하는 일이다. 정기적인 직무 순환도 파벌을 깨뜨리는 데 도움이 된다. 하지만 가장 좋은 방법은 여러 장점과 다양한 관점을 바탕으로 더 훌륭한 리더를 키우고자 하는 리더를 양성함으로써 애초에 파벌이 생기지 않게 하는 것이다.

업무 위임이 인재를 만든다

우선순위에 따른 시간 배분을 어려워하는 리더들이 많다. 그들은 해야 할 일이 너무 많아 회사가 직면한 문제에 집중하지 못한다. 왜 유능한 직원들에게 업무를 위임하지 않느냐고 물으면, 그리고 싶은 마음은 굴뚝 같은데 조직에 '인재가 부족'하다는 대답이 돌아온다. CEO나 부서 책임자는 늘 인재를 불러 모으고 유지하고 양성하는 일이 너무 힘들다고 말한다.

이는 회사의 모든 관계자에게 위험하고 바람직하지 않은 상황이다. 특히 리더가 가장 큰 피해를 입을 수 있다. 당신에게 중요한 관리 업무를 넘겨줄 수 있는 유능한 직원이 없다면 다음의 두 가지 중 하나에 해당할 것이다.

1. 실제로 조직에 인재가 부족하다.
2. 인재가 부족하지 않은데 효과적으로 활용하지 못하고 있다.

첫 번째 경우라면 이 상황을 즉시 해결해야 한다. 하루속히 면접을 실시하고 인재를 채용하라. 조직 내부에서 인재 양성이 제대로 이루어지지 않는 이유도 생각해봐야 한다. 신입 사원의 채용에 문제가 있는가? 인재들이 리더가 될 만큼 성장하기 전에 떠나는가? 회사의 커리어 개발 및 기술 개발 과정은 잘 진행되는가? 고위 리더들이 조직 내 최고 인재를 파악하지 못하거나 직무 과제와 진로 계획, 코칭에 관한 그들의 니즈에 주의를 기울이지 않는가?

이렇게 문제를 해결하면서, 두 번째 설명도 사실일 수 있다는 것을 염두에 두어야 한다. 당신을 포함한 리더들이 현재 조직에서 일하고 있는 뛰어난 인재를 알아보지 못하지 않고 있는 것은 아닌가?

어느 대기업의 사업부장은 인재가 부족하다는 것을 느끼고 고민에 빠졌다. 자신이 업무를 위임할 수 있을 만큼 직원들의 능력이 뛰어나지 못해서 자기만 바쁘게 일한다고 생각했다. 그녀는 또한 인재 부족이 신제품 출시와 시장 전략도 제대로 실행하지 못하게 만든다고 여겼다. 그녀는 직원들에 대한 정보가 상세히 적힌 '직원 목록'을 꺼냈다. 나는 그녀와 함께 이름을 살펴보면서 몇 사람을 선택해 과연 더 큰 업무를 맡겨도 되겠느냐고 물었다. 그녀는 칭찬을 하기도 했지만 엇갈리는 태도를 보여주었다.

나와 논의를 계속하는 동안 업무 위임 논의 대상이었던 직원 두 명이 회사를 그만두었다. 둘 다 경쟁업체에서 더 높은 자리를 제안받아 떠난 것이다. 그녀는 CEO의 도움을 받아 곧 새로운 리더 자리에 앉히겠다는 말로 그들을 붙잡으려고 안간힘을 썼다. 하지만 안타깝게도 떠나는 직원들은 그녀의 말을 믿지 않았다. 그때까지 더 큰 직책을 맡을 것에 대비해 업무를 맡거나 코칭을 받은 적이 없었던 까닭에 11시간 동안이나 이어진 회유와 설득에도 마음을 바꾸지 않은 것이다. 결국 그들은 회사를 떠났다.

그녀는 그들이 떠난 후 큰 충격에 빠졌고, CEO는 핵심 인재를 확보하고 유지하는 그녀의 능력에 대해 공공연하게 우려를 표했다. 이미 어려운 상황이 더 나빠진 것이다. 충격을 받은 그녀는 생산적인 성찰과 분석을 도와주고, 조언을 해줄 만한 사람을 찾았다. 그 일에 대해 나와 이야기를 나누면서 그녀는 회사를 떠나겠다고 하기 전까지는 그들이 리더로서 큰 잠재력을 가진 인재라는 사실을 알아차리지 못했음을 깨달았다. 그 두 사람뿐만 아니라 모든 직원에 대해서도 마찬가지였다. 그래서 그들에게 더 큰 업무를 맡기지 않았고, 적극적으로 코칭해주려고 하지도 않았다. 그녀는 매일 산더미 같은 업무와 부서 운영에 대한 중압감 때문에 직원들을 제대로 알고 평가할 시간을 낼 수 없었음을 인정했다. 그녀는 자신이 그 두 직원의 역량을 과소평가했음을 깨달았다. 어쩌면 부서의 다른 직원들에 대해서도 마찬가지일지도 몰랐다.

나는 그녀에게 부서 내에서 잠재력 있는 '스타'들의 목록을 만들고, 그들 개개인과 시간을 보내기 위한 계획을 짜보라고 했다. 그녀는 미팅 전에 직원들의 개인 파일을 꺼내서 그들의 인사고과 성적, 직무 할당 이력, 배경을 알아두었다. 그리고 미팅에서 몇 가지 질문을 던져 그들에 대한 '정보'를 최신으로 업데이트했다. 커리어에 관한 포부와 목표에 관한 이야기도 들어보았다.

그렇게 각 직원을 위한 커리어와 업무 계획서가 만들어졌다. 그녀는 그 계획을 바탕으로 부서의 높은 직책을 맡기기 위한 계획 초안을 만들었다. 이 과정에서 그녀는 큰 용기와 희망을 얻었다. 그녀는 진즉 이렇게 했어야 한다고 솔직하게 인정했다. 승계 계획을 회사의 CEO에게 보여주었고, 크게 감명받은 CEO는 그 방법을 회사 전체에서 사용하자고 제안했다.

다음 인재를 키우는 승계 계획

조직에는 유능한 인재가 있기 마련이지만 그들이 늘 제 실력을 발휘할 수 있는 것은 아니다. 효과적인 승계 계획은 능력 있는 인재를 찾아 평가하고, 회사가 필요로 하는 일꾼으로 키우는 데 큰 도움이 된다. 이를 위해서는 다음과 같은 건설적인 질문을 던져야만 한다. "내 자리를 대신할 사람이 있는가?" 답이 '아니오'라면 다음으로 이렇게 질문한다. "내 후임으로 삼을 사람을 헤드헌팅 업체를 통해 고용해야 하는가?"

첫 번째 질문에 대한 답이 '예'인 경우 다음 질문은 이렇다. "내가 이 사람들을 더 잘 파악하기 위해 시간을 투자하고 있는가? 이들에게 좀 더 세심하게 업무를 위임하고, 기대치를 높이며, 집중적으로 코칭해서 빠르게 발전시키는 동시에 능력을 테스트해야 하는가? 한두 명을 미리 계획한 주요 업무에 배치해 기술을 개발할 기회를 주어야 하는가?[2]

이렇게 한다면, 직원들의 성과뿐만 아니라 당신의 성과도 향상될 것이다. 모두가 쉽게 이해할 수 있도록 업무를 지시하면, 주요 우선순위를 훨씬 더 효과적으로 실천할 수 있다. 직원과 자신에 대한 기대치를 모두 높여야 한다. 스승은 재능 있는 학생에게 배울 점이 있기 때문이다.

적어도 잠재적인 후계자를 두세 명은 점찍어 두는 것이 좋다. 그들에게 꼭 '후계자'임을 명시적으로 알릴 필요는 없지만, 계획한 대로 더 큰 업무를 맡기고 코칭을 해준다면 조직에 더 큰 공헌을 하고, 최선을 다하도록 동기부여가 될 것이다. 그들 덕분에 당신도 더욱 최선을 다하게 된다.

앞에서도 말했듯이 리더들이 두려움 때문에 잠재력 있는 후계자를 양성하지 않으면 오히려 자신이 회사를 떠나는 시점이 앞당겨질 수 있다. 그런 환경은 저절로 갖춰지는 것이 아니다. 당신의 성과가 개선되면 조직도 더 나은 성과를 낼 것이고, 당신의 재임 기간과 수명이 연장될 가능성이 크다.

다시 말하자면 리더는 후계자 양성에 좀더 신경 쓸 필요가 있다. 훌륭한 기업은 나중에 그들의 자리를 맡을 수 있는 유능한 직원을 양성하는 리더들에게 보상한다. 반면 충분한 시간이 주어져도 재능 있는 직원을 후계자로 키우지 않는 리더들은 승진시키기를 꺼린다.

모든 리더의 중대한 책임

골드만삭스는 인재를 끌어모으고 유지하고 능력을 개발해주기 위해 엄청난 노력을 기울였다. 나는 그곳에서 일하는 동안 승계가 모든 리더의 중대한 책임이라는 사실을 배웠고, 모든 직원이 그 사실을 유념하도록 했다. 골드만삭스에는 잘 다듬어진 승계 과정이 마련되어 있었고, 전도유망한 직원들에 대한 직무 할당과 커리어 잠재력, 코칭 필요성에 초점을 맞춘 경력 개발에 관한 토론도 정기적으로 이루어졌다.

리더의 자리에 공백이 생기면 우리는 거의 항상 내부 후보자들부터 검토했다. 더 큰 업무를 맡을 만한 훌륭한 후보자가 있을 때는, 만약 그가 승진하면 그 자리를 누가 대신할 것인지에 대한 논의도 동시에 이루어졌다.

후보자가 그의 자리를 대신할 수 있는 직원을 양성하지 못한 경우도 가끔 있었다. 그럴 때는 이유를 자세히 알아보았다. 후계자를 키우지 못한 것은 승진에서 제외될 만한 충분한 사유였다. 현재 자리를 대신할 수 있는 사람을 키워놓지도 못한 상태에서 그 후보자에게 더 큰 직책을 맡기는 것은 큰 위험을 감수하는 일이기 때문이다.

이런 이유로 승진하지 못하면 사람들은 그 사람에 대해 좋지 않은 인상을 갖게 되었다. 그 결과 인재 양성이 더 강하고, 더 성공적인 회사를 만드는 데 가장 중요한 일이라고 믿는 탄탄한 기업 문화가 만들어졌다!

강력한 승계 계획은 기업을 하나로 만들어준다

명확한 승계 과정은 리더들에게 인재 양성 방법을 가르쳐준다. 이를 바탕으로 고위 리더들은 이 주제에 대해 코칭하고, 회사의 인재를 두루 평가할 수 있다.

예를 들어, 부서의 책임자가 솔직한 평가 이후 인재가 부족하다는 사실을 확인했다면, 회사 내에서 찾거나 필요하다면 외부에서 영입해 인재 풀을 구축해야 한다. 반대로 잠재적 후계자가 많은 경우에는 다른 부서에 공석이 생기면, 그들 중 한 명 이상을 보낼 수 있다. 이를 통해 잠재력이 뛰어난 직원들을 특정 부서에 '가둬두는' 법 없이, 회사 전체가 인재 양성의 혜택을 누릴 수 있다.

강한 기업에는 언제나 꾸준히 훌륭한 인재를 양성하는 리더들이 있다. 그들이 어떤 식으로 인재를 키우는지 살펴보면, 좋은 인재를 확보하고 코칭하는 능력이 탁월하며, 우수한 인재들에게 매우 신중하게 직무를 할당한다는 것을 알 수 있다. 그리고 그들은 조직을 먼저 생각하고, 그다음이 자신이다. 그들은 자신의 불안감을 극복하고 더 나은 조직을 만드는 데 에너지를 쏟는다. 훌륭한 기업과 비영리 단체들은 거의 항상 이런 사람들을 중심으로 구축된다. 그들은 보상을 받고 승진도 해서 역할 모델로 자리 잡아야 한다.

승계 문화 만들기

리더와 조직이 효과적인 승계 계획을 바탕으로 문화를 발전시키는 방법을 좀 더 구체적으로 알아보자. 다음의 네 가지 방법에 더하여 조직의 상황에 맞는 적절한 방법도 찾을 수 있을 것이다.

1. 직원 목록 만들기

리더들은 자신들에게 직접 보고하는 직원들의 목록을 만들어야 한다. 그리고 적당한 시간 안에 업무를 처리할 수 있는, 각각의 직책에 알맞은 사람들을 정한다. 각 후보자의 최신 정보와 강점 및 약점 평가, 개발이 필요한 부분, 경력 개발에 대한 그들의 포부를 정리한다. 이 분석 자료를 매년 또는 반년 단위로 업데이트해 리더들이 검토한다. 이를 바탕으로 각 후보자의 능력 개발을 위한 계획을 세운다. 외부에서 추가 인재를 영입하는 결정을 포함해 다른 단계를 만들 수도 있다.

직원 목록은 정해진 형식이 없이 조직의 규모와 복잡성에 따라 크게 달라질 수 있다. 짧고 간단할 수도 있고, 길고 복잡할 수도 있다. 미국 중서부의 거대 소비재 기업 본사에서는 커다란 방의 네 개 벽 중 세 면에 세계 지도를 붙이고, 수백 명에 달하는 모든 관리자를 기능, 교육, 기술, 진로, 관심사 등에 따라 저마다 다른 색깔의 꼬리표를 붙여 정리했다. 경영진은 이곳을 '작전실'이라고 불렀다. 특정 직급 이상에서 자리가 날 때마다 리더들은 작전실로 들어가 꼬리표를 살펴보면서 어디로 옮기는 것이 좋을지 논의했다.

대기업이 아닌 기업들에는 너무 부담스러운 방법이지만 어쨌든 핵심은 직원 목록이 꼭 필요하다는 것이다. 각 부서의 리더들이 이 분석 과정을 업무의 하나로 생각하고 받아들이도록 해야 한다. 또한 이것이 정기적인 평가 절차의 하나로 자리매김하도록 만들어야 한다. 직원 목록은 인재를 효과적으로 양성하고 배치하도록 해주며, 리더가 성공을 유지해나가는 데도 큰 도움이 된다.

2. 경력 개발 계획 수립

잠재적인 계승자들에게 주요 업무를 맡기기 위한 경력 개발 계획을 세워야 한다. 이 계획에는 해당 직원의 경력을 '책임지는' 코치의 이름이나, 코칭을 위해 도움을 청할 수 있는 다른 사람들의 이름뿐 아니라, 그 직원의 잠재력 개발에 도움이 되는 업무 목록도 포함되어야 한다. 이는 새로운 부서나 새로운 업무 및 지사의 목록이 될수도 있다.

이 계획을 정기적으로 논의하고 업데이트해야 한다. 형식적인 연습이 되어서는 안 되고, 최신 정보를 담아야 한다. 직원의 경력 개발 계획을 업데이트하는 것은, 모든 부서 책임자의 임무가 되어야 한다.

3. 검토와 후속 조치

다른 리더들과 일 년에 한 번 또는 두 번씩 승계를 위한 회의를 연다. 이 회의는 직원들이 약점을 보완하고 발전할 수 있는 충분한 시간을 가질 수 있도록 반드시 연말 평가보다 빨리 이루어져야 한다. 직원에게 더 큰 책임을 맡기기 위해 직무 할당도 업데이트해야 한다.

또한 핵심 인재 양성이 조직의 연말 인사고과, 성과급, 승진 심사에 중요한 평가 요소로 포함되어야 한다.

4. 역할 모델 되기

리더는 조직 내에서 인재 양성을 위한 역할 모델이 되어야 한다. 인재 찾기, 핵심 인재 코칭, 직원들에 대한 신중한 직무 할당 등을 위해 많은 시간을 할애해야만 한다.

자신이 그를 위해 최선을 다하고 있음을 보여주기 위해서는 중요한 승계 계획과 인재 평가 회의에 빠지지 말고 참여해야 한다. 이것은 그 자체로 매우 중요한 일이지만, 동시에 인재 양성의 중요성에 대한 메시지를 조직 전체에 전달하는 역할도 한다.

승승장구하는 한 글로벌 기업의 리더들은 승계 절차를 훌륭하게 실천에 옮겼다. CEO는 자신이 회사에서 맡은 역할 중 가장 중요한 것이 '최고 인재 책임자'라고 보았다. 그는 주요 사업 부문이 업계에서 선두를 달리고, 세상에 선한 영향력을 미친다는 회사의 목표를 이루기 위해서는 인재 개발이 필수라고 믿었다. 그는 핵심 인재를 확보하고 유지하고 발전시키는 데 자기 시간의 20퍼센트를 투자했다. 그는 인재가 충분한 상황이라는 것은 절대로 있을 수 없으며, 능력 있는 사람들을 찾고 개발하고 유지하는 일에 대해서만큼은 '실패할까 봐 안절부절못하는 것'이 올바른 태도라고 믿었다.

그 회사의 승계 과정은 꽤 정교했고, 조직의 코칭과 평가, 교육 과정과도 잘 맞았다. CEO는 자신이 '파벌의 적'이라는 입장을 공공연하게 드러내면서, 회사는 '다양성'을 추구한다고 밝혔다. 즉 그는 인종과 성별의 다양성뿐만 아니라 생각과 관점의 다양성을 원했다.

그는 직원들과 업무를 하면서 친밀한 관계를 맺었지만, 업무 외적으로 '친구'가 되는 것을 허락하지 않았다. 그는 리더가 직원들과 교류하고 지나치게 친해지는 것이, 리더가 승진하기 위해서는 CEO와 개인적인 친구가 되어야 한다는 신호를 전달할까 봐 조심스러웠다. 그와 나눈 대화에서 특히 기억나는 것이 있다. 그는 직원들이 재미있지도 않은데 자신의 농담에 억지로 웃는 것을 바라지 않는다고 했다. "솔직히 전 유머 감각이 없거든요." 그가 진지한 표정으로 말했다.

회사의 다른 리더들과 이야기를 해보니 그들이 CEO를 깊이 존경하고 강한 충성심을 갖고 있음을 알 수 있었다. 이유를 묻자 한 고위 리더가 이미 다른 사람들에게도 들은 이야기를 했다. "우리 회사는 공정합니다. 철저하게 내가 한 업무로만 평가받는다는 사실을 확실히 알 수 있거든요. CEO는 나와의 개인적인 관계가 아니라, 내가 하는 일을 기준으로 나를 평가하죠. 우리 회사에는 직원에게 도전 기회를 주고, 코칭을 해주며, 능력을 증명할 수 있는 업무를 맡기는 시스템이 아주 잘 갖춰져 있습니다."

"저는 이 회사에 충성심을 갖고 있습니다. CEO가 회사를 위해 최선을 다한다는 믿음과, 회사의 최선이 결국 내게도 최선이라는 믿음이 있죠."

앞에서 말했듯이 이 사람뿐 아니라 회사의 모든 사람들이 이렇게 생각하고 있었다. 대안적 관점의 필요성과 의견 차이, 서로 다른 배경, 개인적 관계가 아닌 업무 성과에 기반한 평가의 공정성이 필요하다는 것을 모든 직원이 인정하고 있었다. 이 기업은 철학이 있는 리더들이 이끄는 훌륭한 회사였다.

위임의 중요성

잠재적 후계자와 핵심 인재를 찾는 과정이 마련되면, 주요 과제를 수행하는 데 누가 적임자인지 알 수 있을 것이다.

앞서 논의한 바와 같이 적절한 후계자를 찾지 못하면, 필요한 만큼 업무를 위임하지 못하거나 위임이 내키지 않을 수밖에 없다. 내 경험상 리더가 과로에 시달리고 조직이 잠재력을 펼치지 못하는 이유는 분명 중요하지 않은 업무에 엄청난 시간을 투자하느라 정작 가장 중요한 우선순위에는 충분한 시간을 할애하지 못하기 때문이다.

예를 들어, 라틴 아메리카에 본사를 둔 대기업의 CEO가 학생을 대상으로 한 강연을 위해 하버드를 방문해 내 사무실을 찾아왔다. 그가 가장 먼저 한 말은 단 몇 시간만이라도 회사에서 벗어나게 되어 마음이 가볍다는 것이었다. 한눈에도 스트레스가 심하고 많이 힘들어 보였다. 다른 많은 회사와 마찬가지로 그의 회사도 최근 경제 위기로 인해 심각한 피해를 보았다. 업무적으로나 개인적으로나 큰 시련을 맞이한 그는 '그저 피곤할 뿐'이라고 했다.

그는 진심으로 여러 가지 업무를 위임하고 싶지만 믿고 맡길 만한 리더들이 없다고 말했다. "저는 너무 많은 일을 하고 있어요. 당신은 우선순위에 시간을 써야 한다고 하지만 내 사정을 모르고 하는 말입니다. 고객과 더 많은 시간을 보내고, 중요한 이니셔티브를 추진하거나 핵심 인재들을 코칭할 시간이 너무나 부족해요. 게다가 가족들은 늘 제가 집을 비운다고 불평합니다. 이러지도 저러지도 못하고 숨이 막히는 느낌이에요."

나는 앞에서 살펴본 여러 내용을 그와 함께 짚어보았다. 그의 포부는 무엇인지, 그 포부를 이루기 위해 가장 중요한 우선순위는 무엇인지 살폈다.

그날은 거기서 대화를 끝내야 했다. 왜냐하면 그는 몇 년 동안 이 질문들에 대해 진지하게 생각해보지 않았고, 경제 위기로 이 질문들에 대한 생각이 바뀌었을지도 모른다는 사실을 깨달았기 때문이다. "흥미롭군요." 내가 뭐라고 더 말하지 않았는데도 그가 말했다. "비전과 우선순위에 대해 정기적으로 생각해보는 시간을 가졌어야 했어요. 상황이 정말로 안 좋아졌을 때는 더 자주 그래야 했고요."

우리는 몇 주 후에 다시 만났다. 그가 신중하게 선택하고 업데이트한 우선순위를 바탕으로 그 우선순위와 그의 시간 배분이 일치하는지 살펴보았다. 그다음에는 주요 리더들을 한 명씩 살폈다. 그들 중 상당수는 학력이 매우 높았고, 일부는 이전에 몸담은 회사에서 큰 성공을 거둔 경력이 있었다.

나는 그의 허락을 받고 몇 주에 걸쳐 몇 명의 리더를 만났다. 그들에 대한 정보를 더 알아보고, 연말 평가 결과도 살펴보았다. 이러한 정보로 무장한 채 다시 CEO를 만났다. 우리는 함께 그 리더들이 현재 맡은 업무가 무엇이고, 그들의 재능과 열정을 고려해 어떤 업무를 더 맡길 수 있을지 논의했다. 나는 CEO에게 그 무엇도 당연시하지 말고, 아무것도 배제하지 않는 열린 태도를 가지라고 했다.

이 논의를 바탕으로 우리는 CEO가 리더들에게 위임할 수 있는 업무에는 어떤 것이 있는지 파악할 수 있었다. 위임한 업무에 대해서는 CEO가 정기적으로 진행 상황을 검토하기로 했다. 직원들이 도구와 지원, 코칭을 필요한 만큼 받고 있는지 확인하는 한편, CEO가 중요한 업무를 다른 사람에게 맡기고 좀 더 안심할 수 있도록 하기 위함이었다.

당연히 리더들은 책임이 커진 것에 대해 매우 긍정적인 반응을 보였다. 그들은 상사나 나아가 회사가 자신의 가치를 인정해준다고 느꼈다. 그들은 CEO가 자신들의 능력을 활용하고 발전시키는 법을 찾는 것을 보고 크게 기뻐했다. 또한 CEO가 회사의 가장 시급한 우선순위에 쏟을 시간이 많아진 것에 안심했다.

물론 이 중 어느 것도 '간단하지' 않았는데, 특히 실행 단계가 그랬다. 한 번씩 들여다보면 CEO가 예전 방식으로 돌아가 있기도 했다. 그가 꼭 처리하지 않아도 되는 일에 시간을 쏟는 것이다. 그래서 그런 일에 곧바로 뛰어들지 말고 '10까지 세는' 연습을 하라고 했다. 그렇게 잠깐 멈추는 연습을 하니 중요하지 않은 일에 뛰어드는 경우가 훨씬 줄어들었다.

CEO는 위임이 성공적으로 이루어졌음을 알게 되었다. 그뿐만 아니라 위임한 많은 업무가 그가 직접 할 때보다 훨씬 더 효과적으로 처리되었다. 직원들은 CEO와 달리 일을 처리할 시간이 충분했고 특정 영역에서는 그보다 재능과 경험이 더 많기도 했기 때문이다. CEO는 이제 전략 수립과 주요 고객 개발, 코칭에 쏟을 시간이 생겼고, 가족과 저녁 식사를 할 수 있었다.

리더십은 팀 스포츠다

나는 회사의 중요한 업무에 쏟을 시간이 부족하다는 리더들의 불평을 수도 없이 들었다. 그 이유는 무엇일까? 승계 계획을 마련해 핵심 인재를 찾았는가? 그 인재들에게 업무를 위임하고 있는가? 인재들을 코칭하고 있는가?

이 질문에 대한 답이 하나라도 '아니오'라면 리더는 그 이유를 생각해봐야 한다. 그러려면 '어느 정도 통제권을 포기하는 것'에 좀 더 익숙해져야만 할 것이다. 나는 이를 '책임 분담'이라고 표현하고 싶다.

리더십은 팀 스포츠이다. 골프 같은 것은 단독 스포츠이다. 적어도 단식 부문은 테니스와 볼링도 마찬가지다. 반면 조직의 운영은 팀 스포츠이다. 팀 스포츠에서 최고의 개인 선수 혼자서는 하나의 단결된 팀으로 움직이는 팀을 상대로 승리를 끌어낼 수가 없다.

그러니 스스로 물어보자. 내가 무슨 스포츠를 하고 있는가? 당신은 고위 리더로서 필요한 기술을 가지고 있고, 주요 업무와 우선순위를 달성하기 위해 책임을 분담한 그룹을 구성해야만 한다. 프로 골퍼의 사고방식으로 축구 경기장에 들어가면, 대패할 가능성이 크다. 도대체 왜 그런 비효율적인 방법으로 조직을 이끌려고 하는가?

미묘한 병목 현상이 일어나는 이유

여기까지 모든 단계를 실천에 옮겼다고 하자. 위임이 필요한 업무를 파악하고, 위임할 만한 인재를 찾아 맡기기도 했다. 하지만 당신은 여전히 위임한 업무에서 벗어날 수 없다. 스스로 관여하지 않으면 그 일이 제대로 처리되지 않는 것 같다.

유럽에 본사를 둔 부동산 회사의 CEO가 하버드 비즈니스 스쿨의 수업에 참석했다. 그는 승계와 위임의 중요성에 대한 토론 수업 후에 나를 따로 찾아왔다. 회사의 사업 전략에 대해 논의한 다음에 그는 자신에게는 '위임'이 별로 효과적이지 못했다고 말했다. 다른 사람들에게 위임한 의사결정을 계속 다시 맡게 되어 솔직히 좀 짜증이 난다고 했다. 그는 유럽에 올 일이 있으면 자신의 회사를 방문해 고위 리더들을 만나줄 수 있겠느냐고 말했다.

몇 달 후에 그 회사의 리더들을 만나 보니 CEO가 업무를 위임하긴 했지만 위임받은 리더들이 도움을 구할 때 주지 않고 있다는 사실을 알 수 있었다. 또한 직원들이 CEO가 리더에게 이미 위임한 업무에 대해 도움을 청하면, CEO는 거절하고 자기 대신 그 일을 맡은 리더를 찾아가라고 하는 대신 요청을 받아들였다. 그러자 위임 효과가 사라지고 업무를 위임받은 리더들은 혼란에 빠졌다.

그에게는 밑의 직원들이 내린 결정을 비판하는 나쁜 버릇도 있었다. 회사의 발전에 엄청난 영향을 미칠 만큼 중요한 결정도 아니었다. 반대 의견을 표시하고 그에 따라 '행동'을 취하거나 하지도 않았다. 사정이 이렇다 보니 업무를 위임받은 리더들이 사소한 의사결정조차도 그의 확인을 받으러 찾아오기 시작했다. 이런 사실이 알려지면서 점점 더 많은 사람들이 그의 사무실을 찾아왔다. 리더들의 설명은 이랬다. "어차피 CEO가 다시 볼 테니까 미리 찾아가는 게 시간이 절약됩니다." 최악은 CEO의 의견을 듣지 못하면, 들을 수 있을 때까지 일상적인 결정마저도 보류되었다는 사실이다.

다른 한편으로 그 회사는 여러 가지 문제에 봉착했지만 CEO가 처리할 시간이 없었다. 나는 몇몇 리더들이 '통제 불능 상태'라고 느끼고, 회사를 떠나는 것을 고민 중이라는 사실을 알게 되었다.

나는 내가 느낀 바를 CEO에게 말하고, 이 문제에 대해 대화를 나누었다. 그는 위임한 업무가 자신이 원하는 대로 처리되지 않아 미칠 지경이라고 털어놓았다. 모든 업무를 다 잘할 필요는 없다는 것을 머리로는 잘 알고 있다는 것도 인정했다. 그는 직원들이 내린 의사결정을 재고해 의사결정 병목 현상을 일으키는 것을 그만두지 않고 직원들을 지원해주지 않으면, 회사의 미래가 어둡다는 것도 알고 있었다. 무엇보다 그 전에 최고의 인재들을 잃게 될 터였다.

6개월 후에 그 회사를 다시 방문하니 그동안 이 문제에 상당한 진전이 있었음을 알 수 있었다. 어려운 일이지만 그는 이 문제를 마주하고 개선하고자 하는 의욕이 있었다.

낯설지 않은 이야기인가? 아무리 사소한 업무라도 직접 하는 것보다 잘 처리되지 않으면 발끈하는가? 이미 위임한 업무에 다시 개입하거나 직원들이 내린 결정을 크게 뒤튼다면, 병목 현상이 일어나 당신이 진짜로 해야 하는 일들을 할 수 없게 된다.

업무를 확실하게 위임하기를 원한다면 위임받은 직원을 도와줘야 한다. 그리고 꼭 필요할 경우에만 개입하기 바란다. 개입하고 싶을 때는 해당 직원과 미리 의논한 다음에 그렇게 해야 한다.

요약하면 직원에게 이런 식으로 말하는 것이 좋다. "X, Y, Z는 직접 결정하세요. 제가 따로 검토할 필요 없습니다. A, B, C의 경우에는 제가 확인하겠습니다. 나머지 일들은 제 의견이 필요하다면 언제든 찾아오세요. 다만 제가 개입하는 것이 도움이 될지 미리 확인하기 바랍니다."

앞에서 말한 것처럼 이유가 차고 넘치지 않는다면, 직원들의 결정을 반박해서는 안 된다. 그렇지 않으면 피해를 수습해야 할 것이다.

위임했다면 간섭하지 마라

리더는 당사자는 보지 못할지 몰라도 직원들에게는 보이는 그림자를 드리운다.

미국 서부에 있는 한 기업의 CEO는 업계의 선구자로 엄청난 성공을 거뒀다. 나이는 60대 초반으로 회사의 대주주였다. 그는 자신이 일선에서 물러나면 회사가 어떻게 될지 걱정스러웠다.

그는 내게 자신이 성과급을 후하게 주었고, 유능한 인재 집단을 갖췄다고 말했다. 나는 그가 인재를 발굴하고 모집하는 능력이 뛰어나며, 중요한 업무를 위임하고 위임받은 직원들을 제대로 지원하고 있다는 것을 알고 있었다. 한 가지 문제가 있다면, 언젠가 자신이 없어도 회사가 잘 돌아갈지 확신할 수 없다는 것이었다. 지난 5년 동안 그는 후에 그를 대신할 잠재적 인재 풀을 강화하기 위해 경영과 리더십 경험을 갖춘 우수한 리더들을 많이 고용했다. 나도 그들 중 여러 사람을 만나보았는데 아주 좋은 인상을 받았다.

그런데 왜 그는 승계에 대해 그렇게 확신이 없었을까? 그와 다른 리더들과 더 많은 시간을 보낸 후 한 가지가 분명해졌다. 그는 조직의 모든 문제에 끼어들어 자기주장을 펼쳤다. 엄청나게 유능한 사람들을 주변에 두고도 좀처럼 그들이 알아서 일하도록 내버려 두지 않았다.

그는 회사에서 대단히 존경받는 인물이었기 때문에 그가 어깨를 살짝 두드려주기만 해도 많은 직원이 큰 영향을 받았다. 직원들은

리더십 탐독

너무나도 간절하게 그에게 잘 보이고 싶어 했다. 한 고위 간부는 이렇게 말했다. "그는 그림자가 정말로 길지요."

당신의 그림자는 얼마나 긴가? 당신이 회사의 창업자이자 경영자라면, 그림자를 줄이기 위해 노력해야 한다. 거기에는 직원들이 당신보다 일을 못하지 않는다는 사실을 아는 것도 포함된다. 그들이 그들만의 방식으로 알아서 업무를 처리하도록 내버려두면 훈련을 통해 스스로 역량을 키울 수 있으므로 당신에게는 꼭 필요한 일에 집중할 수 있는 자유가 생긴다.

위임과 승계는 미래를 위한 준비

역사상 가장 위대한 하키 선수라고 할 수 있는 웨인 그레츠키Wayne Gretzky는 자신은 경기를 할 때 지금 퍽이 있는 곳이 아니라 앞으로 퍽이 갈 곳으로 움직인다고 말한 것으로 유명하다. 리더들 역시 역동적인 시장에서 경쟁하는 조직을 구축해야 하는데, 그를 위해서는 세상이 어디로 가고 있는지 예상할 필요가 있다.

뛰어난 리더는 자신이 아무리 유능해도 혼자서 모든 일을 다 할 수는 없다는 것을 알고 있다. 그들은 다양한 인재들을 모으고, 그들이 가진 능력과 포부에 맞춰 한 걸음 나아가도록 만들며, 중요한 직책을 맡겨서 조직에 기여할 수 있도록 해야 한다는 사실을 잘 안다. 나는 젊은 리더가 이러한 사고방식을 일찍 깨우칠수록 성공 가능성이 크다고 믿는다.

승계는 핵심 인재를 찾아서 개발하는 과정의 일부이다. 성공적인 기업은 정식으로 승계 과정을 마련하고, 모든 직급의 리더들이 유능한 인재를 효과적으로 찾고 양성할 수 있도록 한다. 특히 승계 과정은 인재 파악과 개발은 물론이고, 타인에게 위임하는 것에 익숙하지 않은 신입 관리자들에게 유용하다.

부서를 이끄는 리더들은 승계 프로세스를 활용하여 인재들에게 책임을 신중하게 위임함으로써 사업부와 조직을 위한 유능한 인재 그룹을 구축할 수 있다. 인재 풀 강화와 신중한 위임은 리더들의 시간을 늘려주어 조직의 가장 중요한 문제에 시간을 할애할 수 있게 해주는 효과까지 있다.

앞에서 살펴본 것처럼 많은 리더가 위임의 필요성에 동의하면서도 승계 계획의 필요성은 잘 알지 못하는 경우가 많다. 위임과 승계 계획이 직접적으로 연결되어 있다는 사실을 깨닫고, 이 문제를 해결하지 않으면, 비전과 주요 우선순위를 실행할 수 없다. 그 결과 당신은 리더로서 반드시 처리해야 하는 일에 신경 쓸 시간도 낼 수 없을 것이다.

1 부서 및 조직을 위한 후계 직원 목록을 만든다. 여기에는 당신의 뒤를 이을 만한 잠재적 후계자가 적어도 두세 명 포함되어야 한다.

2 후보자별로 개발이 필요한 부분과 미래에 맡길 역할에 대비해 역량을 키우는 데 필요한 구체적인 개발 계획을 고안한다.

3 위임하고자 하는 주요 업무가 직원 목록에 포함된 후보자들 중 누구에게 알맞을지 살펴본 다음 업무를 할당한다.

4 위임된 업무를 중요성의 정도에 따라 분류한다. 이 분석을 토대로 매우 잘 해야 하는 업무와 '일정 수준'이어도 되는 업무를 확인한다. 이러한 구분에 따라 개입의 정도를 정해야 한다. '개입'이라고 해도 대개는 직접적인 간섭이 아닌 코칭의 형태를 취해야 한다. 대단히 중요한 일일 경우에만 코칭을 넘어 직접적인 개입을 할 수 있도록 선을 분명하게 정한다.

5 부서 책임자도 직원들을 대상으로 이 연습을 하도록 한다.

5장

현재 상태를
어떻게 평가하고
바꿀 것인가

평가와 일치

EVALUATION AND ALIGNMENT

:

회사의 설계가 여전히 비전 및 우선순위와 일치하는가?

만약 지금 백지부터 다시 기업을 설계한다면
사람과 업무, 조직 구조, 문화, 리더십 스타일을 어떻게 바꿀 것인가?

왜 아직 그런 변화를 추구하지 못했는가?

자신과 조직을 백지상태에서 평가해본 적이 있는가?

:

성공한 기업은 가장 중요한 목표를 달성하기 위해 오랜 시간 노력한다. 이러한 기업에서는 모든 것이 조화를 이루는 듯하다. 재능 있는 다양한 인재들이 있고, 차별화된 강점을 바탕으로 사업을 이끈다. 업무는 효율적으로 처리되고, 승진과 보상 시스템은 바람직한 행동을 강화하는 유인이 된다.

이러한 문화는 회사의 성공에 도움이 되는 행동을 강화하며, 조직의 리더들은 효과적으로 리더십을 발휘하고 크게 존경받는다. 결국 기업은 높은 수익을 올리고, 점점 더 강해진다. 비영리 기관이라면, 사회적으로 중요한 일을 해낼 수 있고, 직원들의 사기와 자부심이 높아진다.

이 모든 요소가 이렇게 효과적으로 갖춰지면 직원들과 관리자들은 큰 만족감을 느낀다. 이미 리더이거나 리더를 꿈꾸는 사람들은 조직에 바로 이런 환경을 조성하려고 노력한다.

하지만 그러다 상황이 바뀌는데, 이는 항상 있는 일이다.

언젠가는 필연적으로, 이 특별한 균형을 무너뜨리고 조직을 삐걱거리게 만드는 일들이 일어나기 마련이다. 시간이 많이 지나고 나서야 눈에 띌 수도 있지만, 사실 문제의 씨앗은 오래전에 뿌려진 경우가 많다.

과연 어떤 일이 일어날까? 예를 들어, 경기 침체가 찾아올 수도 있다. 업계의 주요 기업들이 합병되거나, 기업의 주력 상품이 범용화 단계에 접어들 수도 있다. 경쟁업체에서 중요한 기술 혁신을 발표하자 경쟁 우위가 약해져 기업의 비즈니스 모델을 위협할 수 있다. 또 경쟁업체가 기업의 성공에 꼭 필요한 핵심 인재를 스카우트해가는 경우도 있을 수 있다. 팀의 핵심 인물이 은퇴할 수도 있다.

아니면 당신이 변해 더이상 일에 흥미를 느끼지 못할 수도 있다. '성공'한 후로 더이상 직원들의 말에 귀 기울이지 않거나 끊임없이 변화하는 고객의 요구와 필요에 신속하게 대응하는 데 지쳤을 수도 있다. 돈을 많이 벌었으니 이제 다른 곳에 시간을 쓰고 싶을 수도 있다. 이유가 무엇이든 일이 예전처럼 즐겁지 않고 의미도 없다면, 이러한 변화가 리더의 활동에 영향을 미치기 마련이다.

조직의 내부나 외부에서 발생할 수 있는 달갑지 않은 변화는 수없이 많다. 변화는 조직의 문화에 부정적인 영향을 미칠 수 있고, 고유한 역량을 약화하거나 고객에 대한 가치 제안에 변화를 가져

　　　　　　　　　　　　　　　　　리더십 탐독

올 수도 있다. 어쨌든 지금까지 조직의 성공을 이끌어준 장점에 변화가 생길 수 있다. 구체적으로 어떤 변화가 일어났든 핵심은 이것이다. 조직의 설계가 더이상 비전과 우선순위를 뒷받침해주지 못한다는 것이다. 그렇다면 바로잡아야만 한다.

변화를 따라가지 못한 멘로파크의 기술 기업

캘리포니아 멘로파크에 본사가 있는 어느 기술 기업은 1980년대에 창업한 이후 계속 성장해왔다. 물론 성장통도 많이 겪었지만 전체적으로 매우 좋은 성과를 거뒀다. 기업은 그들의 목표인 고객의 니즈를 충족하는 혁신적인 제품을 생산하는 것에 초점을 맞춰 운영되었다. 그 위에 오랜 시간에 걸쳐 연구 및 제품 개발 분야에 특화된 수준 높은 전문가팀을 만들었다.

이 회사가 성공한 이유 중 하나는 주력 제품에 들어가는 첨단 기술 덕분이었다. 대부분이 세계적인 공산품 제조업체들인 고객들의 제조 공정에 필수적인 통합 하드웨어/소프트웨어 패키지를 제공한 것이다. 애초에 이 회사는 이 제품의 개발을 위해 설립되었고, 시간이 흐르는 동안 고객의 변화하는 요구를 충족하기 위해 제품을 개선하고 확장했다.

고위 리더팀은 다수가 창업부터 함께한 사이였다. CEO는 인재모집 능력이 탁월해서 실리콘 밸리의 다른 기업에서 몇 년간 엔지니어와 디자이너로 일한 경력이 있는 유능한 인재들을 유치했다. 그 자신도 뛰어난 소프트웨어 엔지니어이자 제품 디자인 전문가로, 새로 입사한 인재들을 직접 개인적으로 코칭했다. 또한 CEO는 제품 개발 엔지니어들에게도 상당한 시간을 투자해 그들이 고객의 니즈를 살피고, 제품의 디자인과 업그레이드를 위한 더 나은 아이디어를 브레인스토밍하도록 했다.

시간이 흐르면서 약 15명으로 이루어진 제품 디자인 팀은 다양한 업종별 제조 공정에 따라 나뉘었다. 직원들이 업무에 노련해질수록 CEO의 행동을 본받아 조직 전체에 코칭과 혁신 문화가 널리 퍼졌다. 리더가 젊은 직원들을 한 명씩 맡아, 책임지고 성공을 도와주는 비공식적인 '버디 시스템'도 만들어졌다.

회사는 1990년대에 상장을 했고, 2006년에는 연간 매출이 20억 달러를 넘어섰다. 이 기간 매우 높은 매출과 수익을 올렸고, 더 중요한 것은 충성스러운 고객 기반을 견고하게 구축했다는 사실이다.

2006년에 그들은 고객들의 중요한 니즈를 더 잘 충족하고, 그동안 도전해본 적 없는 새로운 산업 부문에서도 제품을 판매하기 위해 혁신적인 신제품을 출시했다. 신제품 출시 후에 CEO는 미래의 잠재적 성장을 지원하기 위해 영업 인력을 구축하고, 직원 수를 늘리기로 결정했다. 이사회도 이를 강력하게 지지했다. 비즈니스 환경이 매우 좋았고, 미래도 밝았다.

그러나 2006년이 다 지나기 전에 중압감이 회사를 짓누르기 시작했다. CEO와 고위 리더들은 더 커진 회사의 운영에 필요한 일을 할 시간이 점점 부족해지는 것을 느꼈다. 신입 사원 교육, 새로운 산업 부문 고객에 대한 수준 높은 관리, 기존 고객의 점점 커지는 니즈 충족 등을 위해 할애할 시간이 부족했다. 직원들은 근무 시간과 업무가 늘어났고, 출장도 훨씬 자주 가야 했다. 하지만 일하는 시간이 크게 늘어났는데도 성취도는 점점 떨어지는 것 같다고 느끼는 사람들이 많았다. CEO는 회사가 이전과는 달리 여러 가지 실수를 저지르고 있음을 깨달았다.

스트레스 수준은 계속 높아지고, 사기는 떨어지기 시작했다. 몇몇 핵심 인재가 언질도 없이 회사를 그만두었다. 그중 두 명은 이 회사와 경쟁 관계에 있는 기술 스타트업으로 옮겨갔다. CEO는 그 신규 업체가 초창기 자신의 회사와 많이 닮았다는 유감스러운 사실을 발견했다. 더 불길한 일은 오랜 기업 고객 두 곳이 거래를 중단하고, 이 경쟁업체의 제품을 구매하기 시작했다는 것이었다. 그들은 CEO에게 거래 중단 결정을 알리면서 이 회사가 더이상 그들의 니즈를 맞춰주지 않는 것 같다고 말했다. 이제 오랜 고객들을 관리하는 것보다 성장에 더 집중하는 것 같다고 말이다. 당연히 CEO는 물론 회사 전체가 큰 충격을 받았다.

과거에는 큰 보람과 행복을 느끼게 해주었던 회사가 이제 커다란 난관에 직면해 있었다. CEO는 주가 하락이 걱정스러웠고, 얼마 전 본사를 새 건물로 옮기면서 장기 계약을 한 것에까지 생각이 미쳤다. 혹시 크게 실수한 건 아닐까?

2006년에 나를 처음 만난 이 CEO는 곧장 본론으로 들어갔다.

"성장이 무조건 좋은 것이라고 생각했어요." 그가 고개를 저으며 말을 이었다. "그런데 지금은 잘 모르겠습니다. 솔직히 회사 규모가 작았을 때가 훨씬 더 좋았어요."

우리는 지난 몇 년 동안 회사가 걸어온 길에 대해 이야기했다. 그는 회사가 빠른 성장을 수용하는 데 필요한 변화를 추구했는지 솔직히 잘 모르겠다고 인정했다. 그는 영업팀과 제품 설계팀이 완전히 새로운 고객 부문에 대처하는 법을 배우는 동시에, 기존 고객의 변화하는 니즈를 충족하기 위해 노력할 만한 시간이 충분했는지도 확신할 수 없었다. 게다가 그는 제품 개발과 영업 부문의 새로운 인재를 위한 체계적인 교육과, 코칭 프로세스를 마련하는 데도 실패한 것 같다고 말했다.

회사의 규모가 지금보다 더 작을 때는 버디 시스템이 잘 작동했지만 성장으로 혼란스러워지면서 제대로 작동하지 않게 되었다. 게다가 과거에는 제품 개발팀이 영업팀과 정기적인 회의를 통해 고객의 니즈와 새로운 기술 개발 상황을 모니터링하는 것이 원칙이었다. 그리고 제품 개발팀은 영업팀이 중요한 고객을 방문할 때 동행하는 것을 중요한 우선순위로 삼았다. 하지만 출장이 늘어나면서 두 부서가 함께 회의를 하기보다 전화로 일을 처리하는 경우가 많아졌고, 제품 개발팀이 고객을 방문하는 일도 크게 줄어들었다.

CEO는 제품 디자인과 영업팀 관리, 부서 간 조정에 관한 중요한 업무를 누구에게 위임할지 정하지 않았다. 신입 사원 교육과 투자 관계를 비롯한 다른 중요한 업무를 맡길 고위 리더들도 지명하지 않았다.

　나는 CEO에게 고위 리더들이 참석하는 워크숍 일정을 잡으라고 제안했다. 내가 진행을 맡았는데, 워크숍에서 그들은 매일의 업무에서 벗어나 회사의 비전과 우선순위를 달성하는 데 필요한 프로세스와 인재, 과제, 유인을 정하기로 했다. 또한 주요 업무를 고위 리더들에게 위임하는 방법과 CEO가 회사의 더 커진 규모와 비전에 따라 업무 내용과 리더십 스타일을 바꿀 필요성이 있는지도 논의할 예정이었다. 물론 그들이 기업의 성장과 관련된 결정을 내리기 전에 이런 자리가 마련되었어야 했다.

　처음에는 분위기가 어색하고 긴장된 듯했다. 그도 그럴 것이 리더들이 회사의 중요한 사안을 논의하기 위해 이렇게 한자리에 모인 것은 몇 년 만에 처음이었다. 게다가 리더들은 현재 회사가 처한 상황에 불만이 많았다. 그 자리에서 일부는 회사가 어려워진 것에 대해 다른 사람들을 탓했고, 또 일부는 원망의 화살이 자신을 향할까 봐 노심초사했다.

　사람들이 좀 더 열린 자세로 말하고 경청할 수 있도록 시작과 동시에 몇 가지 준비 운동을 거친 후 우리가 가장 먼저 면밀히 논의한 주제는 회사의 비전과 우선순위였다. 그러면서 회사가 성장을 향해 나아가야 할지, 그렇게 한다면 어떻게 해야 하는지도 이야기했다. 계속 신제품과 새로운 시장에 도전하고 싶은가? 그렇다면 이유가 무엇인가? 아니면 계속 기존 고객층만 상대해야 하는가? 새로운 제품 개발이나 새로운 시장 추구 여부를 결정하는 기준은 무엇인가?

그들은 각자의 견해를 나눈 끝에 결론에 이르렀다. 먼저 경쟁이 치열하고, 빠르게 변화하는 기술 기업이 기존의 방식만 고수하는 것은 적절하지 않다는 것이 첫 번째 결론이었다. 두 번째는 변화하는 고객의 니즈에 맞춘 제품을 개발하는 한편, 새로운 시장에서도 고객 관리 부문의 뛰어난 역량에 기반을 둔 똑똑한 성장을 추구할 필요가 있다는 것이었다.

핵심역량과 올바른 비전에 대한 광범위한 토론 후 앞으로의 계획에 합의했다. '성장'에만 너무 집중하는 것은 가장 중요한 것을 보지 못하는 일이었다. 대신 그들은 (1) 우수한 제품을 생산하고, (2) 고객의 니즈를 이해하고 충족시키며, (3) 주주들에게 지속가능하고 점점 커지는 투자 수익을 제공하는 것이 핵심 이니셔티브의 바탕이 되어야 한다고 생각했다.

이를 위해 그들은 계획된 신제품 출시와 새로운 이니셔티브의 추진을 늦추고 (1) 신입 사원을 교육하고, (2) 새로운 고객들과 친밀한 관계를 맺을 수 있도록 신규 고객 관리 전략을 개선하며, (3) 비즈니스 확장에 필요한 기타 내부 프로세스 개발에 더 많은 시간을 쏟기로 했다.

다음으로, 그들은 내부 조직의 변화에 대한 문제로 눈을 돌렸다. 예를 들어, 그들은 영업팀의 사무실을 연구 및 제품 개발팀과 가까운 곳에 배치하는 문제를 논의했다. 또한 매주 부서 간 회의를 부활시키고, 적어도 처음 6개월 동안은 CEO가 직접 회의를 주재하기로 했다.

또한 그들은 CEO에게 중요한 업무를 고위 리더들에게 효과적으로 위임할 것을 요청했다. 인재 모집과 통합, 영업/제품 디자인 조정 같은 업무를 CEO가 구체적으로 위임할 필요가 있었다. 그들은 반드시 팀의 고위 리더에게 주어져야 하는 업무가 무엇인지까지 제안했다.

이 연습은 CEO와 고위 리더들이 변화하는 데 큰 도움이 되었다. 아이러니하게도, 다수의 제안이 지난 몇 년 동안 이미 누군가가 제기했지만 적극적으로 실행되지는 않은 것들이었다.

CEO는 워크숍에서 논의된 내용을 행동으로 옮겼다. 그 후 일 년 동안 이러한 변화를 위해 회사는 여러 가지 중요한 결정을 내렸다. 바라던 대로 이러한 변화는 회사에 성장을 위한 발판을 마련해주었다.

안절부절못하는 게 낫다

이 예와는 달리 변화한 상황에 맞춰 기업이 탈바꿈하지 못했을 경우 이를 실시간으로 내부에서 알아차리기는 그리 쉽지 않다. 많은 리더들이 조율 문제가 생기고 한참 지나서야 문제를 깨닫는다. 문제가 뿌리를 내리고, 커지고, 곪아 반드시 해결하지 않으면 안 될 정도로 상황이 심각해지면 그제야 알아차린다. 그동안 조직은 효과적으로 돌아가는 것처럼 보일 수 있다.

조기 경고의 징후는 종종 직원들의 사기 감소, 주요 인사들의 이직, 고객들의 불만, 고급 차량과 호화로운 집 같은 것으로 하는 성공 과시와, 회사의 평판 하락 등의 형태로 나타난다.

하지만 결국 이러한 사실은 티핑포인트에 이르러서야 고통스러운 상처가 되어 분명하게 드러난다. 이렇게 갑자기 뒤집히는 이유는 경기 침체나 경쟁업체의 동향, 외부 환경의 변화 때문일 때가 많다. 안타깝게도 문제가 명백해질 때쯤이면, 바로잡기에 너무 늦을지도 모른다. 멘로파크의 기업은 아직 그 시점까지는 아니었지만, 확실히 가까워지고 있었다.

앞에서 리더가 위임하는 법을 배우는 것의 중요성을 강조했다. 하지만 이는 리더가 완전히 위임할 수 없는 일 중 하나이다. 훌륭한 리더는 비즈니스가 변화의 바람을 잘 탈 수 있도록 같이 변화해가는지 확인하는 것이 그들의 책임 중 하나임을 잘 안다. 나는 이 문제에 대해서만큼은 조금 안절부절못하는 게 득이 된다고 생각한다. 조직의 모습이 기업의 비전과 우선순위와 여전히 일치하는지 살펴볼 때는 편집증이 어느 정도 도움이 된다.

변화에는 고통이 따른다

리더는 핵심 인재를 선발하고, 회사가 해야 하는 중요한 일을 구상하며, 조직의 구조와 관행을 설계할 책임이 있다. 이러한 중요한 결정과 리더의 리더십 스타일의 결과로 기업의 문화가 생겨난다. 이 설계 요인들이 중요한 목표와 우선순위의 달성으로 이어지면 일치가 잘 된다고 말한다. 반면 설계 요인 중 하나 이상이 핵심 목표의 달성을 방해하면 일치가 잘 되지 않는 것이다.[1]

일반적으로 기업들은 어떤 면에서는 일치가 잘 되고, 다른 부분에서는 그렇지 못하며, 주요 사업 부문은 항상 상태가 변화한다. 일치가 잘 된 상태에서 무너진 상태로, 혹은 그 반대가 되는 것이다. 세상이 매우 빠르게 변화하고, 오늘날 대부분의 산업 부문은 경쟁이 치열하기 때문이다.

리더들은 이 사실을 머리로는 알고 있다. 하지만 감정적인 관점에서는 특정 인재나 다른 부분에 변화가 필요하다는 사실을 인식하는 것이 어려울 수 있다. 리더가 조직의 설립자이거나 오랫동안 비즈니스의 운영을 맡아온 경우에는 특히 그렇다. 리더는 인간이기에 핵심 인재가 오랫동안 맡아온 업무가 그 일에 일어난 근본적인 변화로 인해 이제는 그 사람에게 잘 맞지 않는다는 사실을 인정하는 것도, 깨닫기도 어렵다. 마찬가지로 어떤 사업 부문을 지금까지 키워온 간부를 사업이 너무 크거나 복잡해졌다는 이유로 제쳐두기도 힘들다. 특히 그 간부가 자신의 성공 가능성이 더 커지고 커리어 수명이 길어질 것인데도 상호보완적인 능력을 갖춘 다른 간부와 팀을 이루는 것을 무척 싫어한다면 문제가 훨씬 심각해진다.

마찬가지로, 오랫동안 회사의 성공에 결정적인 역할을 한 제품을 없애는 것도 힘들 때가 많다. 물론 머릿속으로는 그 제품군을 폐지하지 않으면 회사의 미래를 위해 다른 곳에 사용해야 할 귀중한 자원을 계속 써야 한다는 사실을 잘 알고 있다. 하지만 우리는 시들 해진 제품군에 대해 강한 애착과 충성심을 갖고 있다.

'늘 그래왔던 지금까지의 방식'을 상징하는 성과급 시스템 같은 것에 변화를 주는 것도 어려운 일이기는 마찬가지이다. 심지어 유 서 깊은 보상 시스템이 직원들에게 동기를 부여하지 못하고 있음 을 리더들이 잘 알 때도 그렇다. 특히 기업이 부서 간의 교차 판매 량을 크게 늘리려고는 하지만, 팀 지향적인 행동보다는 주로 개인 의 생산성에 따라 성과급을 지급하는 오래된 시스템이 뿌리박혀 있을 때 이러한 상황이 발생한다.

변화 추구에는 오래된 직원과 가족 구성원(가족 사업인 경우), 이사 회는 물론이고 여전히 회사에 영향력을 발휘하고 있다면 전직 CEO 의 심기까지 불편하게 할 위험이 따른다. 당신은 이렇게 다양한 사 람들의 기분을 상하게 하는 행동을 하고 싶지 않을 것이다.

가장 중요한 것은, 리더인 당신부터 변화가 불편할 수도 있다는 사실이다. 다른 리더들처럼 당신도 비록 이제 능률이 떨어졌다 해 도 과거의 행동 패턴을 바꾸고 싶지 않을 것이다.

지금은 극적인 변화를 추구할 때가 아니라고 판단할 수도 있다. 경영의 핵심 요소들을 바꾸면 의도하지 않은 결과가 초래되거나 일상 업무나 관계에 지장이 생길 수도 있고, 불편한 새로운 업무를 해야 하며, 직원들의 주의가 분산될 수 있다고 스스로 합리화했을 지도 모른다. 마지막으로 필요한 변화가 일하는 재미를 앗아갈 수도 있다.

이 모든 잠재적 위험을 고려해 많은 리더가 이렇게 생각한다. '모든 것을 고려해 6개월 정도 기다려보는 게 어떨까?' 아니면 이렇게 생각할 것이다. '아니, 애초에 이 문제를 왜 고민해야 하지? 고장 나지 않았는데 왜 고쳐야 해?'

무엇을 해야 할지와 어떻게 할지를 구분하라

내 대답은 이렇다. 먼저 회사의 설계가 여전히 비전 및 우선순위와 일치하는지 연구하고 분석해야 한다. 만약 '그렇다'라는 대답이 나온다면 상황의 긴급성을 평가하고, 어떤 변화가 필요한지 살피며, 필요한 변화를 추구하는 일의 강도와 전략을 결정해야 한다.

처음에는 반드시 '무엇을' 해야 하는지와 '어떻게' 해야 하는지를 구분해야 한다. 리더들이 '어떻게'에 너무 급하게 달려들면, 지레 겁을 먹고 '무엇을' 해야 하는지를 알아내기 위한 노력에서 멀어진다. 비록 틀릴 때가 많지만, 변화에 대한 심각한 저항을 예상해 할 일을 하지 않게 되는 것이다. 그 결과, 그들은 이 과정을 밟는 데 필요한 중요한 질문을 던지지 않는다.

분석 후에는 근사하긴 하지만 기업에 필수적이지 않은 변화와, 앞으로의 지속적인 성공과 경쟁 우위에 꼭 필요한 변화를 좀 더 분명하게 구분할 수 있다. 이 시점에서는 가장 중요한 변화를 추구하기 위한 상세한 행동 계획을 세우고 싶어질 것이다.

위기에는 '긴 뿌리'가 있다

여기에서 가장 중요한 핵심은 미루면 안 된다는 것과, 평소에 꾸준히 해야 한다는 것이다. 사전 예방적인 프로세스는 위기를 예방하는 데 도움이 된다. 물론 어떤 간부들은 위기가 필요한 변화를 만들 기회를 준다고 믿는다. 하지만 잘 운영되고 있는 조직이라면, 필요한 변화를 위해 위기가 닥칠 때까지 기다릴 필요가 없을 것이다. 게다가 위기가 닥칠 때까지 기다린다면, 상황에 대처하기 위한 선택권이 훨씬 줄어들 것이다. 또한 미리 주도적으로 행동했다면 피할 수 있었을 파괴적인 선택을 고려하지 않으면 안 될 것이다. 파괴적인 선택권은 기업과 인재, 사업에 지속적인 피해를 줄 수도 있다.

제록스의 잘 알려진 사례를 간략히 살펴보자. 제록스는 오랫동안 가장 대표적인 복사기 회사로. 사실상 업계를 독점했을 정도다. '사진을 복사하다'라는 표현 대신 '제록스하다'라는 말까지 나왔으니 말이다. 제록스는 훌륭한 역사를 자랑했고, 직원들도 기업의 역사에 자부심을 느꼈다. 제품 혁신을 중심으로 구축되어 온 회사인 만큼 고객 지향이 아닌 제품 지향적인 문화가 형성되어 있었다.

제록스는 오랫동안 좋은 성과를 올린 까닭에 제품의 혁신을 크게 걱정하지 않았다. 개인 컴퓨터와 컴퓨터 마우스 및 기타 최첨단

제품을 탄생시킨 혁신이 시작된 캘리포니아에 큰 규모의 R&D 부문을 계속 운영하기는 했지만, 연구소에서 나온 아이디어를 시장에 출시하는 데 다른 기업들만큼 적극적이지는 않았다.

이 접근법은 오랫동안 매우 효과적으로 작용했다. 제록스는 수익성이 매우 높았고, 주식도 개인과 기관 장기 투자자들의 포트폴리오에 계속 이름을 올렸다.

그러다 상황이 변했다. 1980년대에 경쟁업체들, 특히 일본에서 대체 기술을 개발한 것이다. 디지털 혁명이 이미지 영역까지 휩쓸어 코닥이나 제록스 같은 저력 있고 안정적인 오랜 기업들을 흔들었다. 제록스는 항상 그랬던 것처럼 적극적으로 제품을 판매했다. 겉으로 보기에는 이 전략은 계속 효과가 있었다. 하지만 회사의 설계가 비전이나 우선순위와 점점 멀어지고 있었다. 내부적으로 경영진은 사업에 닥친 근본적인 위협을 우려하기 시작했다.

1990년대 말, 제록스는 적자를 기록하기 시작했고, 엄청난 빚을 지게 되었다. 사람들 사이에서 제록스가 곧 파산한다는 이야기가 나왔다. 불과 몇 년 전까지만 해도 업계를 지배한 기업이었는데 믿을 수 없는 일이었다.

2000년 5월에 앤 멀케이Anne M. Mulcahy가 사장으로, 그다음 해 8월에는 CEO로 임명되었다. 그녀는 회사의 상황이 매우 좋지 않고 회사를 살리려면 과감한 조치가 필요하다는 사실을 깨달았다. 높은 채무와 낮은 영업 실적, 주가 하락이 그 증거였다. 그전까지만 해도 제록스는 직원을 오랫동안 고용하는 믿을 수 있는 회사였지만, 멀케이는 구조조정을 단행해 수천 명의 직원을 한꺼번에 해고했다. 또한 부채 수준을 낮추고, R&D에 더 많은 돈을 투자하며, 고객 니즈를 강조하는 쪽으로 조직 문화를 정비했다.

제록스에 엄청난 트라우마를 안겨준 시간이었다. 멀케이는 2000년에 드러난 위기에 사실은 오랫동안 자라온 '긴 뿌리'가 있다고 공개적으로 말했다. 위기에 대처해 다양한 조치를 한 덕분에 제록스는 살아남았고 꽤 회복하기도 했지만, 리더들은 값비싼 수업료를 지불해야 했다. 그들은 위기를 방지하려면 지레 겁을 먹고 안절부절못할 필요가 있고, 기업의 설계와 비전을 적극적으로 일치시키는 것이 중요하다는 것을 배웠다.[2]

경제 위기에서 배운 것

2007년에 시작된 경제 위기로 역사가 길든 짧든 수많은 자부심 높은 기업들이 무너졌다. 일부 전문가들은 그에 대해 경영진이 변화에 대응하지 못한 리더십의 실패라는 발 빠른 진단을 내놓았다. 아이러니하게도 그 리더들은 불과 몇 년 전에 같은 전문가들에게 능력을 인정받은 이들이었다. 그중 몇몇 기업은 불과 몇 년 전만 해도 재정적으로 취약하지 않았는데도 부채 비율이 위험할 정도로 높았다. 일부 비즈니스 모델은 더이상 경쟁 우위가 없는 주력 제품에 대한 의존도가 지나치게 높았다. 오랫동안 누려온 경쟁 우위가 약해졌고, 그 정도가 경제 침체기 동안 가속화한 것이다.

이 안타까운 이야기에서 무엇을 배울 수 있을까? 이는 근본적으로 오랜 세월이 지나는 동안 기업의 설계와 비전이 조화를 이루지 못하게 된 이야기라고 할 수 있다. 경제 위기는 그 기업들을 벼랑 아래로 밀친 근본적인 원인이겠지만, 실제로 그들을 벼랑 끝으로 이끈 건 몇 년에 걸쳐 점진적으로 일어난 변화들이었다. 상황이 변하는데 그에 대한 적절한 평가와 비즈니스의 재정렬이 이뤄지지 않은 것이다.

사업은 변화와 밀접한 관계가 있다. 한 시대에 효과적인 접근 방식이 다른 시대에도 계속 그러리라는 법은 없다. 기업의 방향이 현재 상황에 맞지 않게 된 것을 알아차리고, 적절한 조치를 하는 것이 리더의 일이다. 누구나 이 일을 해낼 능력이 있지만, 마찬가지로 놓치기도 쉽다.

사업의 설계와 비전 일치시키기

지금까지 일치에 관한 내용을 다루었다. 리더십 스타일과 효율성은 사업의 설계가 비전과 일치하는지를 결정하는 중요한 원인이다.

이러한 맥락에서 볼 때 분명한 비전과 핵심적인 우선순위는, 당신이 향해 가고 있는 목적지라 할 수 있다. 우리는 목표 달성에 성공했는지를 기준으로 일치 여부를 알 수 있다.

코칭은 일치를 위한 중요한 도구이다. 하향식 코칭은 직원들이 회사의 목표를 달성하도록 도와준다. 직원들을 코치하는 것은 리더들에게도 도움이 된다. 설계와 비전이 일치하지 않게 될 때 일찌감치 신호를 보내주는 경보 시스템이 마련되기 때문이다. 인재 관리와 승계 프로세스는 가장 중요한 업무에 올바른 인재가 배치될 수 있도록 해준다. 그러면 조직이 비전을 달성하고, 환경의 변화에 적응할 수 있다. 핵심 인재들을 몇 년마다 조직의 다양한 직무와 지사로 옮겨가도록 하는 것은, 기업의 중요한 사안과 관행을 새로운 시선으로 바라보게 해준다. 월요일 오전 회의, 워크숍, 전략 회의 같은 다양한 프로세스도 일치를 위한 중요한 도구이다. 무엇보다 당신의 리더십이 이 활동의 첫 번째이자 마지막 방어선이다.

이 모든 도구와 접근 방식은 일치성을 강화하고 조직 재정렬의 기회를 포착하는 데 필수적이다. 또 다른 역시 유용한 정렬 도구로는 태스크포스가 있다.

성역 없는 태스크포스

일치성과 정렬 상태를 평가하고 개선하는 방법을 개발하는 매우 효과적인 방법이 하나 있다. 바로 다양한 부문에서 다양한 업무를 담당하는 잠재적 후계자들을 모아 한 팀으로 일하게 하는 것이다.

그들에게 다음과 같은 과제를 맡겨라. '만약에 처음부터 이 사업

을 다시 시작한다면 어떻게 해야 할까?' 좀 더 구체적으로는 다음의
질문에 답하도록 해야 한다.

- 우리는 이 시장에 진출해야 하는가? 이 제품과 서비스를 제공
  해야 하는가? 이 사람들을 고용해야 하는가?
- 조직을 현재와 같은 방식으로 구성할 것인가? 아니면 지금과
  다르게 구성할 것인가?
- 지금과 같은 방식으로 직원을 평가하고 급여를 지급할 것인
  가? 그렇지 않다면 어떻게 바꿀 것인가?
- 우리가 잘해야 하는 핵심 업무는 무엇인가? 그것은 현재의 핵
  심 업무와 다른가?
- 현재와 똑같은 조직 문화를 장려할 것인가? 아니라면 어떻게
  바꿔야 할까?
- 경영진의 구성이 달라질 필요가 있는가? 경영진의 능력과 리
  더십 스타일은 어떻게 달라져야 하는가?

그들에게 이 질문에 대답할 수 있는 몇 주의 시간을 줘라. 이때
성역은 없다는 것을 강조하라. 그들의 조언이 전부 받아들여지지는
않겠지만 기꺼이 의견을 듣고 싶으며, 적어도 몇 가지를 참고해 변
화를 추구할 것이라고 말하기 바란다. 그러면 훌륭한 제안이 나올
것이다. 그리고 이 팀은 당신이 어느 정도는 현재의 사업 설계와 구
조에 대한 애착 때문에 미처 알아차리지 못했던 사실을 알려줄 것

이다.

　태스크포스를 왜 당신과 경영진으로 이루어진 소규모의 집단이 아니라 잠재적 후계자들로 구성하는지 궁금할 수도 있다. 그 이유는 고위 리더보다 한 단계 직급이 낮은 사람들은 감정을 배제한 채 객관적으로 조직의 상황을 평가하고, 구체적인 해결책을 요구할 수 있기 때문이다. 그들은 조직에서 지금까지 벌어진 일들과 감정적인 관련이 없으므로, 조직의 성역에 도전하는 것이 어렵지 않다. 마지막으로, 당신보다 한 직급 아래의 직원들은 현재 시장에서 일어나는 일과 좀 더 가까우므로 새롭고 신선한 시각을 제시해줄 수 있다. 궁극적으로는 경영진이 문제를 해결하겠지만 이 태스크포스는 리더에게 새로운 시작점과 현실 확인 기회를 줄 수 있다.

CEO는 현실을 보지 못할 수 있다

미국 남동부에 본사를 둔 금융 서비스 기업의 CEO는 이 방법을 실천에 옮기기로 했다. 금융업계의 합병과 금융 위기, 경쟁과 기타 상황의 변화로 인해 그는 회사가 경쟁력을 잃어가고 있는 것은 아닌지 염려스러웠다. 진정한 통찰이 아니라 비현실적이고 실속 없는 제안만 나올 것 같다면서 태스크포스가 좋은 아이디어인지 잘 모르겠다고 말하는 그를 나는 위험과 비용이 낮으니 한번 해보라고 설득했다.

그는 각각 다른 부서에서 유망한 인재 네 명을 골랐다. 이 4인조 태스크포스는 5주 후 회사와 전략에 상당한 변화를 요구하는 결과물을 내놓았다. 그들이 각자 꼼꼼하고 신중한 인재라는 사실을 잘 아는 CEO는 그 제안의 대담함에 깜짝 놀랐다. 그는 그들을 만나 몇 가지 후속 질문을 했고, 거기에 답할 시간을 주었다.

이 시점에서 CEO가 나에게 다시 한번 대화를 요청했다. 먼저 그는 태스크포스의 제안이 너무 놀랍고 충격적이었다고 고백했다. 그 제안을 실행에 옮긴다면 회사는 큰 고통에 빠질 수도 있었다. 그는 태스크포스의 제안이 자신이 전혀 눈치채지 못한 문제를 제기했다고 했다. 어쩌면 현재의 사업 전략과 회사의 설계가 거의 자신의 손에서 나왔기 때문에 문제를 외면했는지도 몰랐다. 태스크포스의 아이디어는 고객의 요구와 비즈니스에서 일어난 극적인 변화를 정면으로 다루었다. 이 회사의 유서 깊은 사업이 대부분 범용화했고, 친밀한 고객 관계를 이용해 부가 가치가 더 높은 서비스를 교차 판매하지 않는 이상 비즈니스가 쇠퇴할 가능성이 컸다. 다행히도 그 회사에는 태스크포스가 조언한 변화를 추구하는 데 필요한 고유 역량과 제품이 많았지만, 비전과 핵심 우선순위, 조직에도 변화가 필요했다.

광범위한 숙고와 논의 끝에 CEO는 태스크포스의 제안 대부분이 매우 훌륭하다는 결론에 이르렀다. 물론 상당한 변화가 필요했지만, 신속하게 움직인다면 변화를 통해 오히려 업계에서의 입지가 더 강화될 수 있을 듯했다.

CEO는 제안을 대부분 수용했지만 일반 직원들이 받아들이려 하지 않고 저항할 것을 걱정했다. 이 문제를 해결하기 위해 사내에서 설문조사를 실시한 결과 놀랍게도 중간과 하위 직급에서 이 '급진적인' 아이디어를 전폭적으로 지지한다는 결과가 나왔다. 그는 자신이 그동안 직원들, 그중에서도 특히 매일 고객을 상대하는 사람들의 관점에서 상황을 보지 못했다는 사실을 깨달았다.

이 이야기는 앞에서 다룬 중요한 주제들에 관한 것이다. 이 CEO가 현실을 직시하지 못한 이유는 그가 코칭에 충분히 투자하지 않았기 때문이기도 하다. 그런 문화가 마련되어 있었다면, 그와 고위 리더들이 직원들에게 피드백을 얻을 수 있었을 것이다.

그는 승계 절차에도 집중하지 않았다. 유망한 인재들을 가려내 정기적으로 만나야 했지만 그러지 않았다. 그가 태스크포스에게 이 임무를 맡기기 전까지 간부들은 CEO와 반대되는 견해를 표현하기를 꺼렸다. 알고 보니 그는 생각보다 훨씬 더 권위적인 인물이었고, 회사 역시 지나치게 하향식으로 변했다. 그는 태스크포스 덕분에 고객층과 업계의 환경 변화에 맞춰 회사를 재정렬할 필요가 있다는 것을 깨달았다.

유망한 리더들로 이루어진 태스크포스를 꾸려 '백지' 상태로 회사를 분석하는 이 방법은 직원들에게 이렇게 말하는 것과 같다. "나는 진실을 듣고 그 진실에 대처할 준비가 되어 있습니다. 여러분의 말에 전부 동의하지 않을 수도 있지만, 기꺼이 반대 의견을 듣고 싶습니다." 태스크포스가 가진 가장 큰 이점은 낮은 직급의 직원들에

리더십 탐독

게 커다란 동기부여가 된다는 것이다. 그들은 회사에 대해 더 잘 알수 있으며, 리더는 그들이 업무를 처리하는 모습을 지켜볼 수 있고, 귀 기울이는 리더라는 인상을 줄 수 있다. 당신이 중간 및 하급 직원들로 이루어진 태스크포스가 내놓은 아이디어를 채택했다는 소문은 금세 회사 전체로 퍼질 것이다. 젊은 사람들이 커리어 초기부터 능력을 발휘할 수 있는 회사라는 소문이 날 것이다.

일치성 분석은 얼마나 자주 해야 할까

많은 간부들이 조직 전반을 흔들지 않고 정렬 작업을 할 수 있는 방법이 있냐고 묻는다. 앞에서도 말했지만 내 대답은 이렇다. "네, 그런 방법이 있습니다. 정기적으로 하면 됩니다."

일치성 분석을 너무 자주 하면 분석 작업만으로도 조직에 혼란을 가져올 수 있다. 반대로 중요한 질문을 너무 오랫동안 하지 않고서 시간을 흘려보내면 언젠가는 조율을 위해 대대적인 변화를 단행해야하는데, 이는 개개인과 조직 전체에 부정적인 영향을 미칠수 있다. 의학적으로 비유하자면, 심장마비나 다른 심각한 의학적합병증이 생겼을 때보다 건강할 때 10킬로그램을 빼는 것이 훨씬더 바람직하다.

마찬가지로, 미국 정부도 경제 위기와 부진한 경제 성장의 여파로 인해 상황이 악화할 때까지 기다리지 않고 번영의 시기에 막대한 예산 적자를 처리했더라면 좋았을 것이다. 실업률이 용납할 수 없을 정도로 높을 때 세금을 올리거나 정부 지출을 대폭 줄일 수 있을까? 이런 사안을 논의해도 아무런 변화 없이 결국 정부의 빚 처리 문제는 미뤄진다. 하지만 나중에는 문제를 처리하기가 더 어려워질 것이다.

리더는 앞으로 다가올 시련과 기회를 예상하고, 일사불란하게 대처해 회사의 설계와 비전을 한 방향으로 일치시킬 의무가 있다. 이런 사실을 감안할 때, 급진적인 변화가 필요하다는 말을 들은 직원들은 어떤 생각을 할까? 짧은 시간 내에 세상이 빠르게 변했다고 생각할지도 모른다. 하지만 그보다는 당신이 직무를 소홀히 했고, 리더로서 실패했다고 생각할 가능성이 크다.

그들이 그렇게 생각하는 것도 무리는 아니다. 직원들은 리더가 일치 문제를 항상 염두에 둘 것이라고 생각한다. 그들은 당신이 배를 이끄는 선장으로서 조직을 항로에서 벗어나지 않게 이끌어줄 능력이 있다고 믿고 있고, 당신은 그 믿음에 보답해야 한다. 이 도구를 일찍, 자주 활용하기 바란다. 업종에 따라 6~12개월마다 연간 계획 과정의 일부로 일치성 분석을 할 것을 권한다. 일치성에 대한 생각은 전염되는 경향이 있다. 당신이 그렇게 행동하면 간부들도 이러한 문제를 미리 주도적으로 생각할 것이다.

이러한 시각으로 경쟁업체의 움직임을 살펴보는 것도 회사에 도움이 된다. 핵심 인재들에게 경쟁업체의 행동을 주시하고, 왜 그런 행동을 하는지 분석하는 과제를 맡긴다. 경쟁업체의 어떤 행동이 어떻게 그 회사의 경쟁력을 키우는가? 그들이 왜 그런 선택을 내렸다고 생각하는가? 그들이 우리가 놓친 무언인가를 알고 있는 것은 아닌가? 그들의 선택이 미래에 우리의 경쟁력에 위협이 되지는 않는가?

세상과 단절되지 않기 위해 신문과 온라인 뉴스, 업계 간행물을 꾸준히 읽어라. 당신은 밖에서 무슨 일이 일어나고 있는지 정말로 잘 알고 있는가? 리더는 당장은 조직과 관련이 없어 보여도 가장 최근의 사건과 동향을 파악하고, 그런 흐름이 업계에 미칠 영향을 생각해봐야 한다.

서로 다른 관점은 조직을 건강하게 만든다

이 장에서 설명하는 도구들이 큰 영향력을 발휘할 수 있는 이유는 다양한 관점을 수면 위로 드러내기 때문이다. 물론 논쟁과 의견 불일치는 짜증이 나고 주의를 분산시키고 불편하다. 하지만 그것은 조직의 건강에 아주 좋은 약이다. 다양한 문제를 쟁점화하고 해결책도 제시할 가능성이 크다.

하지만 만약 고위 리더들의 배경이 모두 비슷하고 관점도 유사하다면 어떨까? 설상가상으로 그들이 전부 당신의 오랜 친구라면? 불편하지만 유익한 토론과 의견 불일치는 찾아보기 힘들 것이다. 그 결과, 문제가 수면 위로 떠오르지 않거나, 제대로 논의되지 않는

'집단 사고'의 위험이 심각해진다. 최근의 경제 위기에 이러한 현상이 많이 나타났다. 최고 경영진의 다양성 부족이 단일화된 사고와 외부 차단으로 이어지고 궁극적으로 경제적 실패를 포함해 조직에 피해를 입힌다.

다양한 배경과 스타일 및 관점을 지닌 고위 간부들을 배치하는 것은 리더의 책임이다. 방법을 모르겠다면 이사회가 당신에게 가깝거나 '충성하지' 않는 사람들을 배치함으로써 도와줄 수 있다. 물론 핵심 인재들의 충성도가 높으면 좋겠지만, 토론과 의견 차이에 열린 자세를 가진 사람들을 선발해야 한다. 다양한 시각으로 세상을 바라보고, 서로 의견이 똑같지 않으며, 무엇보다 당신에게 필요한 진실을 말할 용기가 있는 고위 간부팀이 필요하다.

리더의 두 가지 역할

이 책에서 우리는 리더의 역할에 대해 이야기했다. 그중에서 가장 중요한 두 가지는 다음과 같다. 첫 번째는 '건축가'로서의 역할이다. 건축가로서 리더는 비즈니스가 일치 상태에 있는지 알아보는 중요한 질문을 던지고 끊임없이 단서를 찾아야 한다. 이 작업은 쉽지도 않고 확실히 알아낼 수 있는 것도 아니지만 회사의 성공에 대단히 중요한 의미를 지닌다.

리더의 두 번째 역할은 기업이 일치 상태에서 벗어났다는 것이

확실해졌을 때 변화의 촉진자가 되는 것이다. 필요한 변화를 만들어갈 지혜와 에너지, 전문 지식, 용기가 있는가? 변화를 추구하는 데 필요한 계획을 고안하기 위한 충분한 지식과 관계가 구축되어 있는가? 변화를 성공적으로 추구하기 위해서는 코칭과 학습 환경 조성 그리고 개인적인 이해관계가 아니라 조직을 우선시하는 핵심 인재를 승진시키는 것이 중요하다.

또한 일치 문제에 어떻게 접근하든 가장 중요한 것은 질문과 분석이라는 사실을 잊지 말기 바란다.

실행 계획

1 백지상태에서 시험해볼 사업 부서를 정한다. 후계 직원 목록에서 몇 명을 골라 소규모의 태스크포스를 구성한다. 최소한 2~3개의 부서와 영역에 속한 직원들이어야 한다. 팀에 구체적인 임무를 부여하고 지켜야 할 성역이 없음을 분명하게 강조한다. 그들의 조언을 전부 따르지 않을 수도 있지만 솔직한 견해를 원하고, 적어도 일부를 실행할 것이라고 말한다.

2 일정을 정한다. 이 과제가 그들의 일상적인 업무를 대신하지 않는다는 사실을 고려한다. 질문에 답하거나 지침을 일러주는 것은 괜찮지만 그들의 분석과 결론에 영향을 주지 않도록 절대 개입하지 않는다.

3 태스크포스가 내놓은 결과를 살펴보고, 당신과 태스크포스가 이 과정에서 배운 것을 알아보는 사후평가를 실시한다.

4 태스크포스의 제안을 전부는 아니더라도 일부라도 실행하기 위한 구체적인 계획을 세운다.

리더십 탐독

6장

조직의 인재상을
어떻게
정립할 것인가

역할 모델

⋮

당신은 역할 모델이 되어주고 있는가?

행동이 말과 일치하는가?

압박을 받으면 어떻게 행동하는가?

행동이 가치관과 일치하는가?

⋮

조직을 이끄는 리더는 수많은 역할을 한다. 지금까지 리더가 하는 역할에 대해 여러 가지를 이야기했다. 비전이 있는 혁신가, 코치 및 멘토, 조직의 건축가, 변화의 촉진자. 또한 리더는 그 누구도 미래를 확신할 수 없을 때 믿고 배를 맡길 수 있는 지혜로운 선장 역할도 한다. 리더는 조직의 명성과 윤리적 기준, 브랜드 무결성을 지키는 최고의 보호자도 되어야 한다. 어떤 경우에는 사람들이 힘을 합치고, 서로를 용서하며, 사이좋게 잘 지내도록 해주는 치료사도 되어야 한다. 마찬가지로 리더는 사람들을 한곳에 모아놓고 문제의 해결책을 찾도록 영향력을 발휘하는 의장이기도 하다.

지금부터는 리더가 수행해야 하는 가장 중요한 일인 역할 모델에 대해 살펴보겠다. 리더는 사람들에게 해야 할 일을 알려줘야 한다. 하지만 리더의 말보다 영향력이 큰 것은 바로 리더의 행동이다. 모든 리더의 행동이 영향력을 갖고 있다. 하지만 어떤 리더들은 그런 사실을 잘 알지 못한다. 그들은 리더라는 이유로 직원들에게 적용되는 것과는 다른 규칙에 따라 움직일 수 있다고 믿는다. 그들은 직원들에게 '내 행동이 아닌 말을 따라라'라고 요구하는 것이 합리적이라고 생각한다. 하지만 이런 리더의 행동은 그가 역설한 조직의 최고 우선순위와 일치하지 않는다.

또한 이런 접근법은 오래가지 못할 뿐 아니라, 전혀 효과가 없을 수도 있다. 물론 리더는 어느 정도 남들과 다른 규칙을 따르고 일반적으로 구성원들은 리더의 행동을 판단할 때 어느 정도의 관용을 보인다. 하지만 그렇다고 리더가 조직에서 가장 강력한 역할 모델이라는 근본적인 사실이 바뀌지는 않는다. 리더의 행동은 필연적으로 기발한 슬로건이나 잘 다듬어진 연설보다 더 영향력이 크기 마련이다.

리더의 행동은 말보다 더 많은 메시지를 전달한다

리더는 조직의 그 누구보다도 많은 사람들의 관심을 끈다. 사무실의 문이 닫혀 있는지, 열려 있는지, 어디에 앉는지, 사무실은 어떻게 꾸며져 있는지, 온종일 사무실에만 있는지, 여기저기 돌아다니는지, 가끔 직원들과 함께 점심을 먹으며 잡담을 나누는지, 웃고 있는지 아니면 찡그린 얼굴인지, 무슨 생각을 하고 무엇을 느끼는지,

제스처가 우월감이나 거만한 분위기를 풍기지 않는지, 아니면 직원들을 존중하고 개개인에 대해 관심을 갖고 있는 것처럼 보이는지, 엘리베이터에 탔을 때는 무엇을 하는지, 혼자 서서 바닥을 쳐다보는지, 옆에 있는 사람들에게 친근하게 말을 거는지 등.

리더가 바로 아래 직원들을 대할 때보다 서열이 더 높은 사람들을 대할 때 더 친절한지, 한마디로 상대방의 위치에 따라 행동과 태도가 바뀌는지도 살핀다.

앞에서는 친절하게 대하지만 뒤에서는 비판하는지, 일이 잘못되었을 때 자신은 빼고 남 탓을 하는지, 아니면 자신의 잘못이 아니더라도 책임감과 주인의식을 보이는지, 평소의 행동이 멋들어진 연설 내용을 뒷받침하는지 지켜본다.

당신의 경우는 어떤가? 연설의 기준과 행동의 기준이 다른가? 사람들이 보고 있을 때의 행동 기준과 그렇지 않을 때의 행동 기준이 다른가? 만약 그렇다면, 왜 그래도 된다고 생각하는가?

몇 가지 질문을 더 해보겠다. 직원 주차장에 당신의 자리가 따로 있는가? 회사 구내식당에서 식사를 하는가, 간부용 식당을 이용하는가? 다른 팀원들은 비행기 이코노미석을 이용하는데 혼자서만 일등석을 이용하는가? 4시간 이하의 비행 거리는 이코노미석을 이용해야 한다는 방침이 있는데도 가까운 곳으로 출장을 갈 때도 일등석을 요구하는가?

당신은 직원들이 따라야 하는 규칙과 다른 규칙을 따르는가? '특별한 취급'을 받을 자격이 있다고 생각하는 이유는?

이런 상황들에서 당신은 어떻게 하는가? 당신의 행동은 당신이 누구이고, 회사를 어떻게 키우고 싶은지를 말해준다. 당신의 행동은 당신이 중시하는 가치관이나 구축하고 싶은 조직 문화, 직원들에게 전하는 회사의 비전과 일치하는가, 아니면 어긋나는가? 당신은 행동으로 긍정적이든 부정적이든 어떤 메시지를 보내고 있는가?

직원들은 리더보다 리더를 더 잘 알고 있다

한 헤지펀드의 관리 파트너는 몇 년 동안 회사를 훌륭하게 키웠다. 그는 초창기에 사업 원칙을 구체적으로 적어 모든 사무실의 벽에 붙여놓았고, 문서에도 인쇄하고 회사 웹사이트에도 올렸다. 그는 팀워크, 혁신, 서로에 대한 관심, 장기적인 관점을 바탕으로 한 투자 결정 등과 관련한 이 원칙을 작은 카드에 적어 코팅해서 사람들이 주머니에 넣고 다닐 수도 있도록 했다. 회사의 원칙에 대한 이야기가 나올 때마다 젊은 사람들이 코칭과 멘토링을 받고 실수를 통해 배우는 학습 환경을 조성하고 싶다고 강조했다. 새로운 인재를 영입할 때도 이 점을 강조했다. "이런 문화를 원한다면 우리와 함께 일합시다."

그는 이 원칙을 회사 창업 후 처음 몇 년 동안은 일관되게 지켰다. 하지만 관리하는 자금이 수십억 달러를 넘어가자 그에 맞춰 회사가 더 빨리 더 커져야만 했다. 2007년 말에 경기가 나빠지면서 투자자들이 판단하는 기준점인 S&P500 지수에 비해 회사의 실적이 떨어지기 시작했다.

이런 일은 매우 흔하다. 투자에 관심 있는 사람이라면 잘 알겠지만 모든 회사가 실적이 저조한 기간이 있기 마련이다. 하지만 이 기업의 경우에는 이 시기에 더욱 불안정했는데, 핵심 인재들이 회사를 그만두기 시작했기 때문이다. 그들이 떠나면서 회사의 실적은 계속 곤두박질쳤고 피할 수 있었을 것처럼 보이는 분석 실수가 점점 더 많아졌다.

회사의 전반적인 실적이 부진한 것보다도 팀의 성과가 더 걱정스러웠던 그는 나에게 그의 사무실로 와서 이야기를 나눌 수 있겠느냐고 했다. 나는 몇 시간 동안 그의 사업 철학에 대한 이야기를 들었다. 그는 팀워크, 혁신, 장기적인 사고방식 등 앞에서 말한 원칙들을 진심을 담아 이야기했다. 그의 설명이 끝났을 무렵에는 나도 당장 그 회사에 취직하고 싶어질 정도였다. 배우고 성장할 수 있는 너무도 훌륭한 회사였다!

하지만 그 후의 이야기는 다른 방향으로 흘렀다. 그는 최근에 인재들이 회사를 떠난 것과 성과가 나빠진 것, 그가 보기에 충분히 피할 수 있었던 기업과 주식 분석에서 연속으로 발생한 최악의 실수에 대해 설명했다. 이야기를 하는 그의 목소리에 점점 짜증이 묻어났다. 목소리가 높아지더니 거의 소리치듯이 말했다. "도대체 왜 이런 일이 일어나는 거죠?" 그는 사무실 안을 성큼성큼 걸어다니며 말했다. "도대체 왜 팀원들이 이해를 못 하는 걸까요? 회사의 가치관을 신경 쓰는 건 나 혼자뿐인 것 같아요. 혼자가 된 듯한 기분입니다. 세상의 모든 짐이 내 어깨에 실린 것 같아요. 도대체 어쩌다 이 지경이 된 걸까요?"

나는 그의 질문에 대답하지 않고 듣기만 했다. 마침내 그에게 핵심 리더들을 만날 수 있겠느냐고 물었다. 허락을 받은 나는 고위 리더 다섯 명을 개별적으로 만났다. 그 만남에서 회사의 리더가 평소 어떻게 행동했는지 많은 이야기를 들을 수 있었다.

- 직원들은 매일 오전 8시 30분에 열리는 투자 담당자 회의에 대해 이야기해주었다. 그 회의에서 리더는 직원 개개인을 직접적으로 비판하고 윽박지를 때가 많았다. 주가가 떨어지면 특히 비판적인 태도로 왜 그런 일이 일어났는지 설명을 요구했다. 주식시장이 항상 논리에 의해 움직이는 것이 아니고, 쉽게 판단하거나 설명할 수 없는 이유로 주가가 하락하기도 하므로 그 자리에 모인 모두가 이 질문에 대한 설득력 있거나 명확한 답이 없다는 사실을 잘 아는데도 말이다. 투자 부서의 직원이 선택한 주식이 하락하면 동료들 앞에서 호되게 꾸지람을 듣기 마련이었다. 리더가 그 결정에 적극적으로 개입하고 동의까지 한 사실을 잊은 듯했다.
- 리더의 감정 기복이 예측 불가능할 정도로 심하다는 이야기도 나왔다. "오늘은 어떨지 예측 불가예요. 기분이 좋을지 나쁠지 알 수 없어요." 어느 날은 마구 신경질을 부리다가도 또

다음 날은 과할 정도로 칭찬의 말을 쏟아부었다. 사람들은 도무지 종잡을 수 없는 그의 심기를 건드리지 않으려고 늘 바짝 긴장해야만 했다. 저조한 실적, 출근하기 전에 집에서 있었던 일 등 그의 기분을 좌우하는 것은 수도 없이 많았다.

- 리더는 회사가 코칭에 중점을 둔다고 말했지만 그에게는 직원들을 코칭할 시간이 없었다. 외부 투자자 상대, 행정 업무, 투자 결정, 자산 할당과 포트폴리오 구성 등 그는 할 일이 너무 많았다. 한 고위 간부가 말했다. "회사가 너무 커져서 대표가 투자자들을 만나러 나갈 때가 많습니다. 다른 일로 워낙 바쁘다 보니 접촉 자체가 불가능합니다."

내가 들은 이야기들을 종합해보면 이 리더는 의사결정을 다른 사람에게 위임하는 데 실패했다. 그 결과 기본적으로 모든 행정, 투자 관계, 투자, 거래 결정 업무가 그의 승인을 거쳐야만 했다. 그로 인해 엄청난 병목 현상이 생겼고, 리더십 개발과 팀워크에도 나쁜 영향을 미쳤다. 또한 그가 관리자들이 내린 부적절한 결정을 공개적으로 비판할 때면 너무도 불안하고 거북한 분위기가 조성되었다. 그는 자신이 내린 결정이라는 사실을 기억하지 못하는 걸까?

인터뷰한 많은 고위 간부들은 퇴사를 적극적으로 고려하고 있었다. 그들은 "일하는 즐거움이 사라졌어요"라고 말했다. 게다가 솔직하게 의견을 얘기하기를 꺼려서 나도 무척 곤란했다. "제발 제가 한 말을 대표님께 전하지 마세요! 누가 한 말인지 밝히지 않아도 분명 알 거예요. 여기서 일하는 동안 미운털이 박힌 채로 지내야 할 겁니다."

회사 분위기가 이렇다는 것은 매우 심각한 문제였다.

놀라운 사실은 또 있었다. 그들이 들려준 이야기가 리더가 평소 강조하는 목표나 포부와 완벽하게 반대된다는 사실이었다. 그는 목표와 포부를 자주 강조했다. 하지만 문제는 그것들과 그의 일상적인 행동이 더이상 일치하지 않는다는 것이었다.

나는 그에게 직원들에게서 나온 이야기를 대충 전해주었다. 그다음에 외부 코치를 고용해 20명 이상의 직원들을 정식으로 인터뷰하라고 권했다. 이렇게 하면 어느 한 명이 지목되어 '벌'을 받는 일이 없을 것 같았다. 또한 다양한 계층의 직원들에게서 나온 결과물이므로 무시하기도 어려울 것이었다. 나는 믿을 수 있는 코치를 추천해주면서 최대한 빨리 도움을 받으라고 했고, 리더도 동의했다.

두 달 후 코치와의 작업 결과를 논의하기 위해 그를 만나러 갔다. 그는 곧바로 본론으로 들어갔다. "사람들이 도대체 어떻게 그런 말을 할 수 있죠?" 그가 방어적인 태도로 물었다.

이 무렵에 그와 나는 꽤 사이가 좋았기에 그에게 솔직하게 인터뷰한 사람들이 문제가 아니라 그에게 문제가 있다고 말했다. 그는 인정하지 않았고, 그의 행동이 말보다 훨씬 더 무게가 있다는 사실을 깨닫지도 못했다. 사무실 벽이나 웹사이트에 훌륭한 말을 얼마나 많이 도배했는지는 중요하지 않았다. 말보다 중요한 것은 행동이었다.

우리는 그가 평소 어떻게 행동하고 왜 그런 행동을 하는지 찬찬

리더십 탐독

히 짚어보았다. 코치의 보고서와 내가 들은 이야기를 바탕으로 그 중에서도 최악의 행동을 분석하고, 그것이 직원들에게 끼치는 끔찍한 영향에 대해 이야기했다. 그는 자신이 말과 행동이 다른 위선자처럼 보인다는 사실을 깨달았다.

당연히 받아들이기 쉽지 않은 결론이었다. 하지만 거기까지 온 것만 해도 칭찬할 일이었다. 더 대단한 일은 그가 몇 달 동안 혼란스럽고 공격적인 행동을 조금씩 바꾸기 위해 노력했다는 사실이다. 그에게는 고통스러운 시간이었다.

그는 인간의 본성에 대한 이해를 포함하여 자신의 동기와 행동을 들여다보고 왜 그런 행동을 했는지 이해할 필요가 있었다. 그는 자신이 살아온 삶과도 큰 관련이 있는 것 같다고 말했다. 부모님과의 관계, 직장 생활 초기에 상사들에게 배운 좋거나 나쁜 교훈, 성격과 기질, 스트레스 해소법 등. 너무도 힘들고 혹독한 시간이었지만 그는 행동하기 전에 먼저 생각하고, 행동에 말만큼이나 무게를 두는 법을 배웠다. 자신이 바쁠 때도 회사의 중요한 일들을 처리할 수 있도록 좀 더 광범위한 위임이 필요하다는 사실도 깨달았다.

코치로 삼은 몇몇 직원들을 통해 자신의 행동이 어떤 영향을 미치는지도 알게 되었다. 코치들은 물론 친구들, 가족과 함께 자기인식 능력을 개선해 다른 사람들이 보는 것과 똑같이 자신을 바라보는 법도 배웠다. 그리고 회사의 비전을 달성하는 데 필수적인 업무를 핵심 인재들에게 위임했다.

그렇게 몇 달 동안 회사의 분위기와 문화는 점차 개선되었고 리더의 포부와 좀 더 일치하게 되었다. 시장은 여전히 어려웠지만 이 회사는 경쟁사에 비해 실적이 비약적으로 성장하기 시작했다. 상황이 점점 나아지고 있다는 확실한 징후는 따로 있었다. 이런 소문이 퍼지자 회사를 떠났던 사람들이 돌아왔다.

당신의 역할이 작은 팀의 생산자에서 관리자로, 큰 팀의 관리자로, 수백 명의 팀을 이끄는 리더로 커짐에 따라 압박감도 커지고 역할 모델로서 갖춰야 할 요건도 늘어난다. 하지만 모든 리더가 이러한 변화 과정을 의식하는 것은 아니다. 그리고 그런 사람들은 정확히 무엇이 잘못됐는지 알지 못한 채로 무능력해질 가능성이 크다. 고위 간부로서 성공하려면, 자신이 누구인지 알고, 자신의 자리가 갖는 힘을 이해해야 한다. 주요 업무를 위임하고, 다른 사람들에게 권한을 부여하기 위한 세심한 계획을 세워야 하며, 자신의 행동을 통해 의식적으로 메시지를 전달해야 한다.

리더는 항상 배우는 자세를 가져야 한다

한 유능하고 경력 많은 고위 간부가 다각화된 공산품 기업의 CEO 직을 제안받았다. 그 회사의 이사회는 CEO를 해고한 뒤 외부에서 인재를 찾다가 그를 고용하기로 결정했다. 그는 길고도 조심스러운 인터뷰 과정을 거쳤다. 공개 기업인 만큼 이사회는 잡음을 최대한 줄이고자 했다.

이사회가 그를 고용한 데는 타당한 이유가 있었다. 그는 그때까지 세 군데 기업에서 일하며 훌륭한 생산 관리자이자 뛰어난 제품 관리자임을 증명했다. 그 회사들에서 훌륭한 경력을 쌓은 그는 현재 50대 초반의 나이였다. 비교적 젊은 나이이므로 회사에서 실력을 발휘할 시간이 충분할 터였다.

그러나 이사회는 그의 약점은 미처 파악하지 못했다. 그에 대한 조사를 비밀리에 해야 했던 것도 한 가지 이유이다. 예를 들어, 그는 뛰어난 전략가였지만 특별히 '사교성'이 뛰어나지는 않았다. 직원들과 가깝게 지내는 것이 리더가 그들의 강점과 약점, 배경, 성격을 파악하는 데 도움이 되지만, 그는 직원들과 가까이 지내는 것을 좋아하지 않았다. 게다가 그는 공을 나누는 데도 다소 인색한 편이었다. 아마 그 자신의 불안감과 과거의 경험 때문일 터였다. 실제로 그는 전 직장에서 남보다 출세하려면 회사가 거둔 성과에 대한 자신의 공을 인정받아야만 한다는 사실을 깨달았다.

마지막으로 그는 생산자로서의 능력은 뛰어났지만, 다른 최고 생산자들과의 관계가 원만하지 못했다. 직원들이 훌륭한 생산자가 되도록 도와주는 코칭에도 능숙하지 않았다.

이사회는 다른 회사들에서 그를 승승장구하게 만들어준 특징들이, 이 회사에서도 CEO로 성공하게 만들어주는 것은 아니라는 사실을 깨닫고 실망했다. 몇 달 동안 그를 지켜보고 몇몇 직원들에게 피드백을 들은 뒤 이사회는 그가 CEO로 성공하기 위해 해결해야 하는 문제들을 제시했다.

이때는 이미 이사회가 나에게 도움을 요청한 상태였다. CEO는 여러 가지 부족한 부분이 있지만 재능이 매우 뛰어난 사람이었다. 그는 이사회의 제안에 큰 충격을 받았고, 상황을 개선하고자 하는 의욕을 보였다.

우리는 CEO가 역할 모델이 되어야 한다는 것을 포함해 이 책에서 소개한 여러 질문을 짚어보며 긴 이야기를 나누었다. 그는 이사회의 우려를 불식하고자 하급 직원들로 이루어진 비공식 코치 네트워크를 구성했다. 그리고 자신의 행동이 끼친 영향을 알아보고자 그들과 일대일로 면담을 실시했다. 그는 지금까지 쭉 해온 방식과 나쁜 습관에도 불구하고 변화하는 방법을 배우고, 역할 모델이 되어 서로 화합하는 회사를 만들기로 결심했다. 그가 CEO의 역할에 대한 생각 자체를 바꾸고 배움에 전념하자 상당한 진전을 이룰 수 있었다.

1년간의 집중적인 작업과 토론 끝에 그는 좋은 성과를 거뒀다. 처음부터 그에게는 지성과 기술 역량, 그 외 필요한 능력이 차고 넘쳤다. 그에게 주어진 도전과제는 자신의 역할에 대한 사고방식을 바꾸는 것이었다. 그는 업무를 수행하는 것만이 CEO 역할의 전부가 아니라는 사실을 배웠다. CEO는 열린 태도로 배움과 변화를 받아들이고 그를 통해 모범을 보여야 한다.

50대 초반의 고위 관리자도 계속 배우고 발전하는 것이 가능할까? 강력하게 동기부여가 된 상태로 최선을 다한다면 답은 '그렇다'이다. 젊은 인재들은 경력을 쌓으면서 더 높은 직급에 오를 때를 대비해 기술을 발전시키고 훈련하려는 의지가 있어야 한다.

CEO가 감당해야 할 무게

대규모 컨설팅 회사의 CEO가 내게 중요한 전략과 리더십 문제에 관해 조언을 구했다. 그 회사에서 30년 동안 일한 그는 최근에 CEO로 승진했다. 투자 은행에서 일할 때 그를 처음 만난 후로 나는 그가 CEO의 자리에 오르기까지 여러 가지 조언을 해주었다. 똑똑하고 통찰력이 뛰어난 그는 성격이 무뚝뚝했지만 때로는 색다른 유머 감각을 뽐냈다. 약간 냉소적이었지만 그것은 유머러스하고 전반적으로 매력적인 성격의 일부였다.

이 회사는 규모가 매우 컸고, 항상 세간의 주목을 받았다. 그런데 어느 날 그가 내게 전화해 곧바로 본론으로 들어갔다. 그는 CEO로서의 출발이 '순조롭지' 않았다고 말했다. 우선 그는 기관 투자자, 판매 측 분석가, 증권사 애널리스트들과 일대일 미팅을 했는데 분위기가 좋지 않다고 했다. 게다가 직원들을 제대로 관리하고 있는지도 확신할 수 없었다. 나는 무슨 말인지 모르겠다고 솔직히 말했다. 그는 잠시 망설이더니 그의 직원 두세 명을 직접 만나 그가 잘하고 있는지를 물어봐달라고 부탁했다.

나는 그의 직원들을 만나 대화를 나눴다. 알고 보니 직원들은 그가 CEO로 임명된 것에 열광하고 있었다. 하지만 그들은 그가 이제

CEO가 되었으니 예전과 다르게 행동할 필요가 있음을 당연히 알 것이라고 생각했다. 예전에는 아무런 문제가 없었던 그의 냉소적인 태도가 CEO인 지금은 부적절해 보였다. 예를 들어, 직원들은 그가 회의를 냉소적인 발언을 할 기회로 여기지 않았으면 좋겠다고 했다. 그들은 또한 자신들보다 직급이 낮은 직원이 회사에 대해 큰 이상을 품기를 원했는데 그러기 위해서는 CEO가 '진짜 그렇게 믿고 있다는 것'을 보여줄 필요가 있었다. 그가 CEO라는 역할을 제대로 '연기'했으면 좋겠다는 것이었다!

그 외에도 다양한 이야기를 했는데 핵심은 CEO가 새로운 역할을 맡았으니 달라져야 한다는 것이었다. 직원들은 이제 사적인 자리에서도 그가 저급한 농담을 그만하길 원했다. 그리고 아침에 좀 더 일찍 출근해야 한다고 생각했다. 그에게는 지각하는 습관이 있었다. 그동안은 그가 지각 대장이라는 사실이 친근한 농담거리였지만 CEO가 된 지금은 직원들에게 좋지 않은 영향을 미치고 있었다. 직원들은 CEO는 비서에게 비서가 누군가와 그의 일정에 관해 통화할 때 좀 더 친절한 태도를 보이라고 지시해야 한다고도 했다. 출근할 때 덜 비싼 차를 타고, 캐주얼한 옷이 허락되는 금요일에도 옷차림에 좀 더 신경 써야 한다는 이야기도 나왔다. 한마디로 그들은 CEO가 보수적인 회사의 CEO처럼 보이고 행동하기를 원했다.

이 모든 이야기를 전달받은 CEO는 재미있어 하는 한편으로 크게 동요했다. 그는 지난 30년 동안 그는 그런 피드백을 받은 적이 한 번도 없다고 했다. 그런데 갑자기 회사의 모두가 그의 옷차림까지 신경 쓴다고? 그는 솔직히 대부분의 피드백이 완전히 잘못되었고 터무니없다고 말했다. 이 나이에 행동 방식을 바꿔야 한다는 말인가?

우리는 오랜 친구였기 때문에 나는 직설적으로 그에게 자신의 위치가 엄청나게 바뀌었다는 사실을 깨달을 필요가 있다고 말했다. 회사의 간부 중 한 명에서 수천 명의 꿈과 야망을 상징하는 CEO가 되었다. 좋든 싫든 회사의 모든 사람들이 앞으로 그의 일거수일투족을 면밀하게 관찰할 것이다. 그가 하는 말은 대내외적으로 분석되고, 그의 기분도 관찰되고 추적되고 해석될 것이다. 식당에서 어떻게 행동했는지, 건물 관리인들에게 어떻게 말했는지, 직원들을 어떻게 대했는지, 모두 낱낱이 조사되어 그라는 인물을 평가하는 단서로 활용될 것이다.

한마디로 그는 '최고 역할 모델'이 된 것이다. 나는 이것이 CEO라면 당연히 감당해야 할 무게라고 말했다. 물론 그는 4개월 전과 하나도 달라진 게 없다고 생각할 수도 있지만 주위 모든 사람은 그렇게 생각하지 않았다.

물론 그는 원래의 자신다워야 하지만 예전과 달리 행동에 힘과 무게가 실렸으니 조정이 필요했다. 이제 그에게서 나온 친절한 말은 직원들에게 이전보다 더 큰 의미가 있다. 비난의 말도 예전보다 훨씬 아프게 느껴질 것이다.

시간이 지나면서 그는 피드백을 전부 받아들였고, 새로운 일상에 적응하게 되었다. 하지만 그렇게 하기 위해서는 자신이 처한 환경이 지금까지와는 달라졌음을 받아들이고 태도를 바꿔야 했다.

승진 후보는 리더가 바라는 인물상을 말해준다

역할 모델 분석은 단순히 당신의 행동뿐 아니라, 당신이 승진시키는 사람들의 행동과도 관련이 있다. CEO가 강한 힘을 지닌 역할 모델인 것처럼, CEO가 누구를 요직으로 승진시키는지도 조직 전체에 강력한 신호를 보낸다. 승진과 관련한 의사결정이 당신의 가치관 및 비전과 일치하는가? 당신이 승진시키는 리더들이 비전을 공유하고, 조직이 신중하게 선택한 우선순위를 당연하게 받아들이는가? 직원들이 본받길 원하는 모델인가?

한 서비스 전문 기업의 CEO는 회사의 사업 부문을 전략적으로 재배치하는 중이었다. 그의 목표는 회사가 제공하는 서비스를 확장해 회사가 몸담아온 전통적인 사업과 관련된 자문 사업에 진출하는 것이었다. 내 생각에도 타당한 전략이었고, 그 회사가 갖고 있는 고유한 역량과도 일치했다. 기존 고객들에게 추가 서비스를 제공한다면 엄청난 시장 기회가 있을 것이었다.

내가 직접 관찰한 바에 따르면, 이 CEO는 훌륭한 역할 모델이었다. 그는 회사의 핵심적인 가치와 비전을 정확하게 전달했을 뿐만 아니라, 직원들에게 먼저 본보기를 보여주어야 한다는 철칙도 잘 지켰다. 자신이 먼저 나서서 리더들이 보여주기를 원하는 모습과 행동을 보여준 것이다. 최고를 추구하는 정신, 고객 우선, 최고 인재에 대한 코칭과 멘토링, 공정한 분위기 조성 등.

이러한 이점이 갖춰져 있는데도 그는 그동안 주장해온 전략적

재배치를 어떻게 실천에 옮겨야 할지 고심했다.

2년 전 CEO에 임명되었을 때 그는 고위 간부를 직접 선발했다. CEO가 되기 전에 그 자신도 매출 실적이 뛰어났기에 자연스럽게 자신과 같은 사람들을 고위 리더로 승진시켰다. 다시 말해, 그는 수익 창출을 가장 중요시했으므로 승진 결정을 내릴 때 리더십 기술과 코칭 기술, 윤리적 결함 등은 간과했다. 처음에 이 방법은 효과가 있는 듯했다. 하지만 시간이 지나면서 최고의 성과를 내는 직원의 이직률이 높아지기 시작했고, 부서 간 직원의 이동도 어려워졌다.

나는 그에게 인사 책임자를 시켜 중간 관리자들을 만나 이직률 증가의 원인을 알아보도록 하라고 권했다. 그리고 퇴직자를 만나 떠나는 이유를 알아보라고 제안했다. 추가로 아직 회사를 떠나지 않은 중간 관리자들과의 인터뷰도 추천했다. 우선 내가 인사 책임자를 만나 결과를 들은 다음 그와 함께 CEO를 만나기로 했다.

인사 책임자는 어떤 결과가 나올지 짐작하고 있었는데, 인터뷰 결과는 역시 그가 생각했던 대로였다.

인사 책임자에 따르면, CEO는 공정성과 직원들의 가치를 소중하게 여겼지만 그가 자리에 앉힌 부서 책임자들의 면면은 전혀 다른 메시지를 전달했다. CEO가 아무리 핵심 가치를 강조하고 모범적인 행동을 보여도 그가 선발한 핵심 간부들의 행동이 미치는 것보다 영향력이 크지는 못했다. 인사 책임자가 실시한 인터뷰에서 여러 사람이 '이 회사에서 가장 중요한 것은 생산성'이라고 불평했다. 그게 아니라면 왜 CEO는 평소 훌륭한 역할 모델이라 할 수 있는 사람들 대신 매출 실적이 뛰어난 이들을 선택하는가?

회사에 남은 중간급 간부들은 새로운 전략적 이니셔티브에 상당히 냉소적이었고, 그에 참여하고 싶어 하지 않았다. 새로운 전략 방향이 타당한 선택일 수는 있지만 상당한 위험이 따랐다. 특히 새로운 사업에서 생산이 현재 사업과 같은 수준에 도달하려면 몇 년이 걸려야 했다. CEO의 승진 결정에서 이미 증명한 것처럼 생산성이 필수 측정법이라면, 기존 위치에서 잘하고 있는 사람이 굳이 위험을 감수하면서까지 다른 부서로 이동할 필요가 없었다. 게다가 부서 책임자들은 생산성이 떨어질까 봐 유능한 인재들이 새로운 사업 부문으로 이동하는 것을 적극적으로 말리고 있었다.

인사 책임자와 함께 이 모든 피드백을 CEO에게 전달했고, 그는 큰 충격을 받았다. 나는 우선 직원들에게 그의 기대치를 적극적으로 알릴 것을 권했다. 또한 생산만이 아닌 다른 요소들도 포함되도록 보상 기준을 확대할 필요가 있었다. 새로운 사업 부문으로 이동하는 사람들에게 개인적으로 보상을 해주고, 경력에 도움이 될 것이라는 확신을 주어야 했다.

그는 이 방법에 동의했다. 하지만 안타깝게도, 그는 불과 몇 달 후에 지난 몇 년 동안 부적절한 인사들을 요직에 앉혔다는 사실을 깨달았다. 많은 회사 사람들이 그 사실을 벌써부터 알고 있었다는 것도. 그의 승진 결정은 그가 그동안 강조한 회사의 비전이나 우선순위와 모순되었다. 누군가를 승진시킬 때마다 그는 부정적인 역할 모델을 만들었고 그 결과 조직을 구축하고 발전시키는 능력이 약화했다. 마지막에 그는 많은 실수를 바로잡을 수 있었지만 귀중한 시간을 많이 빼앗겼고 꼭 필요한 회사의 성장도 늦어졌다.

이 이야기가 말해주는 것은 결국 리더와 리더가 선택한 사람들이 전부 역할 모델이고, 조직 모두가 그들을 주의 깊게 관찰한다는 것이다. 기업들이 고위 간부로 승진한 사람들을 위한 교육 프로그램을 마련하는 것도 이 때문이다. 참가자들은 새로운 기술은 물론이고, 조직의 역할 모델로서 보는 눈이 많아졌다는 사실 역시 배워야 한다.

압박감을 느낄 때 진짜 모습이 드러난다

기업의 리더들은 자신들이 역할 모델이 되어야 하고, 따라서 자신의 행동을 관리해야 한다는 사실을 알고 있다. 하지만 평소에 잘하다가도 위기가 찾아와 엄청난 압박감을 느끼면 얘기가 달라진다. 리더는 정상적인 상황에서도 사람들의 관찰 대상이지만, 위기가 발생하면 그를 보는 눈이 10배로 늘어난다. 리더는 모를 수도 있지만 매우 좋지 않은 상황이나 극도로 스트레스가 심할 때 직원들은 더욱 매의 눈으로 리더의 모든 움직임을 지켜본다. 리더가 진짜 어떤 사람인지, 진정으로 가치 있게 여기는 것이 무엇인지 알고 싶기 때문이다.

위기는 리더가 대응해야 하는 일들 중 극히 일부에 불과하지만, 사람들은 그것을 바탕으로 리더를 정의한다. 솔직히 공평하지도 않고 합리적이지도 않지만, 리더가 스트레스가 큰 상황에 어떻게 대처했는지는 오랫동안 사람들 사이에서 회자한다. 직원들은 퇴근 후 술을 마시는 자리에서 그 이야기를 할 것이다.

사람들은 힘든 상황에서 당신이 보여주는 행동을 통해 단서를 얻는다. 그럴 때 불같이 화를 내는가? 의기소침해지는가? 상황과 거리를 두는가? 팀워크는 안중에도 없는 것처럼 다른 사람들을 비난하는가? 소식을 전하는 사람에게 버럭 화를 내서 사람들이 당신에게 나쁜 소식을 전하기 꺼리는가? 기분이 좋지 않아 보이면 다들 가까이 다가서기를 망설이는가? 이렇게 무슨 일만 생기면 회사보다 자신을 우선시하는 모습을 보임으로써, 직원들도 그렇게 훈련하고 있지는 않은가?

리더는 스트레스를 받을 때 행동을 조심하는 법을 배워야 한다.

리더에게 압박감을 주는 것들

'자신에게' 압박감을 주는 것이 무엇인지 생각해본다. 여기에서 굳이 '자신에게'라고 말한 데는 이유가 있다. 사람들이 느끼는 압박과 스트레스는 저마다 다르기 때문이다.

당신에게 스트레스를 주는 문제가 다른 사람에게는 아무렇지도 않을 수도 있고 그 반대의 경우도 있을 수 있다.

예를 들어, 나에게 압박감을 주는 것은 직원이 갑자기 그만두는 것, 느슨한 태도, 비난 등이다. 반면 최선을 다했다면 어느 정도 적자가 나는 것에는 크게 신경 쓰지 않는다. 실수를 인정하는 것도 그리 괴롭지 않다. 오히려 속 시원하게 털어놓으면 홀가분하다. 마찬가지로 잘 풀리지 않은 일을 책임지는 것도 괜찮다. 그것이 문제를 진단하고 실수를 바로잡아 앞으로 나아가기 위한 첫걸음이라고 생각하기 때문이다. 스트레스를 받는 상황들을 겪으면서 나는 과민 반응하지 않고, 불안할 때는 침착함을 유지하는 방법을 배웠다.

당신에게 스트레스를 주는 것은 무엇인가? 예를 들어, 승진 실패, 금전적인 손해, 해고당하는 것, 해고하는 것, 갈등, 자신이 무능하다는 생각, 호감을 주지 못한다는 생각, 감정의 과부하 등이 있을 수 있다.

어떤 상황이 과도한 압박감을 주는지, 더 나아가 스트레스를 받는 상황에서 자신이 어떻게 행동하는지 돌아보고 압박감을 이겨내기 위한 행동 단계를 마련해야 한다. 그것은 카페인 섭취를 줄이고 숙면을 취하거나, 규칙적인 운동 또는 명상을 하는 것처럼 간단할 수도 있다. 심한 스트레스에 과민 반응하기 전에 '타임아웃' 시간을 갖거나, 평소의 일정에 쉬는 시간을 끼워 넣거나, 조직 내부와 외부의 사람들로 구성된 강력한 지원 그룹을 만들 수도 있다.

이 조언은 너무 감상적이어서 거부감이 들 수도 있다. 하지만 자기 인식과 자기 관리는 높은 자리로 올라갈수록 더욱 중요해진다.

이것이 리더에게 중요한 이유는, 직원들이 리더의 행동을 관찰하고 모방하기 때문이다. 스트레스가 심할 때 거친 행동을 하는 습관이 있다면 직원들도 그대로 따라하기 마련이다. 이는 리더들에 대한 신뢰를 떨어뜨리고, 결과적으로 조직의 운영 효율성도 심각하게 떨어질 수 있다.

물론 스트레스가 심한 상황을 아예 피할 수는 없을 것이다. 스트레스는 인생에서나 리더로서나 피할 수 없는 일이다. 스트레스로부터 도망치는 것은 불가능하다. 대신 스트레스에 대응하는 방법은 얼마든지 선택이 가능하다.

책임 전가에는 비용이 따른다

앞에서 말했듯이 어떤 사람들은 자신이 틀렸거나 실수했다는 것을 인정하기 힘들어한다. 머리에 총을 들이대도 잘못을 인정하지 않으려 한다. 안타깝게도 그들은 실수가 치명적인 경우는 거의 없다는 사실을 깨닫지 못한다. 반면 리더가 실수를 인정하고 상황을 바로 잡으려 하지 않으면, 문제가 심각해진다. 스트레스에 이런 식으로 반응하는 것은, 팀워크에도 끔찍한 영향을 미친다. 그리고 직원들이 상황을 개선하기 위해 서로 협력하는 것을 막는다.

최근에 어떤 리더에게 경제 위기 동안 발생한 어려운 문제에 대한 책임을 회피하지 말라는 조언을 해주었다. 사실 그 문제들은 다른 회사들도 많이 갖고 있는 것들이었다. 하지만 경제 위기라는 특별히 어려운 상황에서 그 리더가 살아오면서 느낀 불안과 두려움이 그를 집어삼켰다. 그는 자신에게 관심이 쏠리지 않도록 여기저기로 비난의 화살을 돌렸다. 전임자와 직원들, 일부 공급업체, 심지어 고객들까지 비난했다. 그리고 자신을 '나쁜 패'를 이어받은 희생자로 묘사했다.

그다음에 어떤 일이 일어났을까? 신문 기사에 언급된 것을 보고 불쾌감을 느낀 그의 전임자가 자신의 체면을 지키기 위해 똑같이 공개적인 방법으로 이 리더에게 반격을 가했다. 전임자가 업계에서 여전히 존경받는 전설적인 인물이었기 때문에 회사 안팎의 사람들이 그의 얘기에 귀를 기울였다.

이 모든 것이 회사 전체에 끔찍한 영향을 끼쳤다. 현 CEO가 재직한 지 1년 넘었고, 현재의 책임자이기도 하므로 잘못을 인정하고, 직원들과 함께 새로운 사업 계획을 세웠어야 한다는 것이 직원들의 공통적인 의견이었다. 하지만 CEO는 다른 사람을 탓함으로써 자신의 평판을 크게 손상했다. 직원들의 신뢰에 금이 가게 만들고, 회사의 '프랜차이즈'에도 손해를 입혔다. CEO가 문제를 해결하도록 기꺼이 도와주려고 했던 사람들도 이제는 그와 거리를 두는 것이 낫다고 판단했다. 도와주었다가 좋은 결과가 나오지 않으면 CEO에게 원망을 살 수도 있다고 생각한 것이다. 이 사건 이후 떨어진 사기는 좀처럼 쉽게 회복되지 않고 있다.

스트레스를 느끼는 직원들을 돕는 방법

리더로서 당신은 자신과 직원들의 행동에 모두 책임이 있다. 따라서 압박감을 느낄 때 어떻게 행동해야 하는지 직원들과 대비책을 세우는 것이 현명하다.

앞서 언급했듯이 경제 위기와 그 여파는 수많은 산업과 회사에 종사하는 사람들에게 엄청난 스트레스를 주었다. 위기가 찾아왔을 때 프랜차이즈를 유지 및 구축하는 것이 아니라, '돈벌이'에 가장 큰 관심을 기울였던 조직에서 특히 취약성이 드러났다.

한편으로 이 위기는 고객을 돕거나 극단적인 경제 상황으로 인해 단기간 고객으로부터 경제적 이익을 얻을 수 있는 기회를 만들어주었다. 돌이켜보면, 훌륭한 기업에는 위기를 고객과의 관계를 강화하고, 지속가능한 사업을 구축하는 기회로 삼아야 한다고 역설하는 경영진이 있었다.

1장에서 살펴본 것처럼 성공한 기업에는 명확한 비전과 우선순위가 꼭 필요하다. 경제 위기가 찾아왔을 때 비전은 리더십과 직원의 행동을 이끄는 닻과 등대 역할을 해줄 수 있다. 반면 기업윤리가 무슨 수를 써서라도 돈을 버는 것이라면, 직원들이 결국 사업에 피해를 주거나 최악의 경우 윤리 문제의 원인이 될 수도 있는 엄청난 스트레스를 받을 것이다.

이것이 바로 위기 상황일수록 회사의 비전과 우선순위에 관해 과잉 의사소통을 하는 것이 중요한 이유이다. 그런 상황에서는 현재의 비즈니스에 대해 생각하고, 직원들이 압박감을 느낄 때 어떤 실수가 나올 수 있는지 예측해야 한다. 이 압박감은 손해에 대한 두려움, 직장을 잃을지도 모른다는 불안 혹은 동료들을 실망하게 만들지도 모른다는 걱정 등에서 나온다. 하지만 결국 직원들이 받는 압박감은 주로 리더인 당신에게서 비롯된다.

나는 경기 침체가 닥칠 때마다 내 밑의 직원들에게 항상 원칙을 지키고, 우리의 가치관과 맞지 않는 방법으로 고객을 통해 수익을 창출하려 하지 말라고 말한다. 의구심이 든다면 어떤 행동을 취해야 할지 확신이 생길 때까지 조직의 더 많은 리더들에게 질문하라고 격려한다. 또한 고객을 위해 옳은 일을 하면서 혹은 사업을 구축하면서는 얼마든지 실수를 저질러도 좋다고 용기를 준다. 특히 어려운 시기일수록 고객들을 잘 보살펴야 한다고 강조한다. 우린 이 시기를 이겨내고 오랫동안 승승장구할 테니 함께 사업을 발전시키자고 독려한다.

스트레스가 심할 때일수록 직원들과, 특히 고위 관리자들과 지나칠 정도로 소통해야 한다. 고위 리더들은 직원들이 면밀히 관찰하는 역할 모델이다. 그리고 그들은 평범한 인간이기도 하다. 어쩌면 그들은 일자리를 잃을까 봐 두려워할지도 모른다. 빚이 많아서 돈이 필요할지도 모른다. 큰 포부를 품고 다음 승진을 노리고 있을 수도 있다. 나는 어려운 시기에 고위 관리자들과 많은 시간을 보내면서 스트레스와 대처법에 대해 허심탄회하게 이야기하려고 노력한다.

이 방법은 올바로 사용하면 직원들의 행동을 크게 개선하고, 위기를 겪으면서 오히려 조직의 경쟁력을 강화할 수 있다.

더 좋은 역할 모델이 되는 법

이번 장에서는 다른 사람들에게 행동의 모범을 보여야 하는 리더의 역할을 강조했다. 말과 행동에 유의해야 하고, 일관성이 있어야 한다. 특별히 압박감이 심한 상황에서 리더가 자기인식을 통해 심각한 스트레스를 일으키는 원인을 이해하고, 조직에 장려하고자 하는 가치관 및 원칙과 일치하도록 행동해야 한다.

자신과 직원들의 스트레스를 더 잘 관리하는 여러 가지 방법도 다루었다. 내 경우에는 돈을 저축하고, 분수에 맞지 않는 삶을 지양하며, 규칙적으로 일기를 쓰고, 비영리 활동과 다른 관심사를 통해 정서적 균형을 유지하는 것이 내가 힘들 때 무너지지 않도록 도와준다. 나는 기업의 리더들에게 이러한 접근법을 알려주고, 스스로 자신만의 방법을 찾아보라고 격려했다.

나는 감정적으로 '걸어 나갈' 준비를 하는 것이 매우 유용하다는 사실도 알게 되었다. 이는 이 일을 하지 않아도 살 수 있다는 것을 깨닫는 것을 의미한다. 이를 위해서는 다른 사람의 평가가 내 인생의 전부가 아니라는 믿음이 필요하다. 아무리 압박감이 심해도 절대로 저버리지 않을 비전과 윤리 원칙을 세우는 것도 도움이 된다.

물론 나만의 스트레스 해소법을 마련하기까지는 시간이 좀 걸릴수 있다. 일에서도 삶에서도 시간이 필요하고 감정적으로 좀 더 성숙해져야 한다.

지금 이런 문제에 대해 생각해두면 비상시에 도움이 된다. 감정의 분리와 독립을 가능하게 해주는 방법을 찾아놓으면, 더 나은 역할 모델이 될 수 있고 스트레스가 심할 때도 좋은 성과를 거둘 수있다.

1 자신이 말이 아닌 행동으로 사람들에게 어떤 메시지를 전달하고 있는지 적어본다. 자신의 행동을 직접적으로 관찰하는 직원과 고문들에게 조언을 받아 다음의 질문에 답한다.

   "내가 전달하고 싶은 메시지와 실제로 전달하는 메시지는 서로 일치하는 가?"

2 직원들에 대해서도 이 질문을 던져본다. 그들 개개인은 조직이 중시하는 가치에 대해 어떤 메시지를 전달하는가? 이 작업을 이 직원들에 대한 코칭에 포함한다.

3 엄청난 스트레스를 느꼈던 상황과 자신의 행동을 후회했던 때를 생각해 본다. 스트레스를 유발한 한두 가지 문제를 생각해보고, 이 문제들이 자신의 업무와 아무런 관련이 없을 수도 있다는 사실을 상기한다. 만약 그 상황으로 돌아간다면 이번에는 어떻게 행동할 것인가? 이 방법에서 얻은 교훈을 한두 가지 적는다.

7장

어떻게 자신부터
더 좋은 사람이
될 것인가

역량 발휘

REACHING YOUR POTENTIAL

:

자신의 강점과 약점, 열정과 일치하는 길을 가고 있는가?

그렇지 않다면, 무엇을 망설이는가?

직장에서 자신만의 스타일을 개발했는가?

자신의 의견을 표현하고 자신감 있게 행동하는가?

직원들이 진정한 자신의 모습을 드러내고 의견을 표현하도록 격려하는가?

:

지금까지 살펴본 내용은 리더가 조직을 보다 효과적으로 운영하기 위해 던져야 하는 질문에 초점이 맞춰져 있다. 그 질문들은 대부분 오래된 습관을 버리고, 새로운 습관을 만들고 새로운 질문을 던지도록 만든다. 또한 리더십 기술을 개선하고 더 효과적으로 조직을 운영하는 실용적인 아이디어를 다뤘다. 당신은 그중에서 마음에 와닿고 조직의 상황에 맞는 제안과 아이디어를 수용하고자 할 것이다.

지금부터는 좋은 리더와 위대한 리더의 차이를 만드는 것이 무엇인지 알아보도록 하겠다. 이 주제는 매우 개인적인 것으로, 당신에게 초점이 맞춰져 있다.

이 장에서는 일에 대한 당신의 철학적인 접근법을 살펴볼 것이다. 이를 위해서는 자신의 재능과 성격, 가치관, 열정을 깊이 들여 다볼 필요가 있다. 이 접근법은 뛰어난 리더가 되려면 자신을 이해 하고 의식적으로 자신의 독특한 자질과 개성을 업무에 활용해야 한다는 사실을 바탕으로 한다. 나는 자신의 개성에 맞는 리더십 스 타일을 개발하고 직원들도 그렇게 하도록 격려하는 리더가 이끄는 조직이 성공한다고 믿는다. 그 결과 리더는 자신과 조직을 최대한 활용할 수 있다.

뛰어난 리더는 끊임없이 배우고 적응한다. 그들은 세상과 업계, 주변 사람들에 대해 배운다. 특히 자신에 대해 배운다. 이 배움은 그들의 삶과 경력의 모든 단계에서 발전을 거듭한다.

이 장에서는 자신의 강점과 약점, 열정을 이해하는 것의 중요성 에 대해 알아볼 것이다. 타인에게 배우는 것도 값진 일이지만 자신 에게 맞는 리더십 스타일을 개발하는 것도 중요하다.

또한 직장에서 자기 의견을 표현하기를 주저하지는 않는지 생각 해보고 이것이 결국 어떻게 성장을 가로막는지 알아본다. 직장에서 진정한 자신을 보여줄 만큼 자신감이 있는가, 아니면 상사나 가족, 친구 등 남들이 원하는 모습을 연기하고 있는가?

그 외에 직원들이 진짜 자신의 모습에 충실하고 잠재력을 발휘 할 수 있는 분위기를 만드는 것이 왜 중요한지도 살펴본다. 위대한 기업에는 있는 그대로의 자신을 편안하게 받아들이고, 직원들 역시 자신에게 충실할 수 있는 환경을 만들어주는 리더가 있다. 이런 환 경에서는 사람과 조직 모두가 잠재력을 최대한 발휘할 수 있다.

자신의 강점과 약점 이해하기

당신은 자신의 강점과 약점을 잘 알고 있고, 종이에 적을 수 있는가? 동료들도 거기에 동의하는가? 당신이 중간 직급이라면 이 분석을 도와줄 만한 동료와 상사가 있는가? 당신이 고위 리더라면 이 질문에 답하도록 도와줄 중간 직급의 코치들이 있는가? 약점을 보완하고 강점을 활용하는 방법이 마련되어 있는가?

최근에 임명된 CEO는 그전에 네 군데 기업을 옮겨다니면서 점점 높은 직급으로 승진했다. 최근에는 다각화된 공산품 기업에서 CFO(최고재무책임자)와 큰 부서의 책임자를 지냈다. 업계에서 크게 인정받은 그는 이번에 중서부 지역에 있는 글로벌 공산품 기업의 CEO로 임명되었다. 그 회사는 그를 새로운 CEO로 영입한 것이 행운이라고 여겼다.

8개월 동안 그는 순조로운 출발을 위해 노력했지만 마음먹은 대로 되지 않았다. 그는 나에게 자신의 리더십 스타일을 함께 살펴보고, 효율성을 높이는 방법을 알려달라고 부탁했다.

첫 미팅에서 나는 그에게 그의 가장 큰 강점과 약점을 세 가지씩 말해달라고 했다. 그는 강점과 약점을 모두 꽤 상세하고 솔직하게 요약해주었다. 대화를 통해 이전 회사에서 부서장으로 일할 때 CEO가 그를 매우 철저하고 엄중하게 평가했다는 사실이 드러났다. 하지만 안타깝게도 그가 열거한 강점은 대부분 현재의 지위와 특별히 관련이 없었고, 약점들은 CEO라는 현재의 지위에 직접 영향을 미치는 것들이었다. 우리는 부서장의 역할이 CEO의 역할과 아주 다르다는 이야기를 나누었다. 예를 들어, CEO가 된 지금은 TV 출연 등 대내외적으로 회사의 입장을 대변하기 위해 새로운 관계자들과 훨씬 더 많은 소통을 해야만 했다. 또한 CEO라는 새로운 역할을 성공적으로 해내려면 각 부서를 이끌어줄 강력한 리더와 핵심 인재들(인사 책임자, CFO, IT 책임자 등)을 고르는 탁월한 능력이 예전보다 훨씬 더 많이 요구되었다. 과거에는 그런 사람들을 평가하고 팀의 일원으로 선발하는 것이 아니라 그들과 경쟁하는 처지였지만 말이다.

우리는 그가 현재의 역할을 잘 해내기 위해 반드시 최고 수준으로 처리해야 하는 핵심 과제에 대해 논의했다. 나는 그에게 구체적인 과제를 찾고, 그 과제들을 수행하기 위해 스스로 혹은 팀 구축을 통해 개발해야만 하는 기술이 무엇인지 잘 생각해보라고 했다.

이것은 즉석에서 대답할 수 있는 질문이 아니었다. 그는 몇 주 동안 주요 경쟁사 CEO들의 특징을 연구했다. 그는 그들 중 몇 명을 알고 있었고, 개인적으로 알지 못해도 공개된 정보를 통해 그들의 업무 스타일을 충분히 파악할 수 있었다. 동시에 그는 바로 밑의 직원들에게 CEO의 역할과 관련해 자신의 강점과 약점에 대한 의견을 구했다. 직원들의 반응은 매우 긍정적이었다. 고위 경영진이 이런 피드백을 구한 것은 처음이었기에 그들은 기꺼이 도움을 주고자 했다.

이후 나와 다시 토론하면서 그는 자신의 강점과 약점에 대한 새로운 정보를 얻었고, 내 도움을 받아 몇 가지 개선 계획을 세웠다.

리더십 탐독

예를 들어, 연설 능력을 키울 필요가 있다는 사실을 깨닫고 연설 코치를 고용했다. 미디어와의 관계도 개선이 필요한 중요한 분야였다. 그의 요청으로 사내 커뮤니케이션 그룹이 미디어 교육과 투자자 관계, 기자와의 대화법에 관한 '1인을 위한 세미나'를 개최했다.

마찬가지로 중요한 것은, 그가 자신의 강점이 무엇이고, 어떻게 하면 온전히 활용할 수 있을지 더 많이 고민하게 되었다는 점이었다. 직원들의 피드백에서도 나왔고 그 자신도 동의하는 부분이지만, 그는 전임 CEO 두 명보다 분석 능력이 훨씬 뛰어났다. 그는 이 사회가 의사결정을 할 때 좀 더 뛰어난 분석력을 가진 사람이 필요해서 자신을 고용한 사실을 알고 있었고, 그런 기대에 부합할 준비가 되어 있었다. 그는 지나치지만 않으면 분석 능력이 CEO로서 중요한 고유 역량이 될 수 있겠다고 결론 내렸다.

토론이 끝난 후 CEO는 자신의 강점과 장점 목록을 작성하고, 다른 사람들의 피드백을 받아 그를 정기적으로 업데이트하겠다고 했다. 이를 위해 그가 좀 더 정확하게 자신을 평가하고, CEO가 어떤 역할을 해야 하는지 알려줄 중간 직급의 코치단을 만들기로 했다. 연설이나 TV 출연 때마다 그들의 피드백을 받을 생각이었다.

몇 달 후, 그는 강점을 크게 강화하고 약점도 보완했다고 연락해 왔다. 더 중요한 사실은 그가 조직 전체에 코칭과 '조기 경고' 네트워크를 만들었다는 것이다. 덕분에 직원들 사이에서 그의 위상이 높아졌다. 몇 달 전까지만 해도 상상할 수 없었던 일이다.

위대한 리더는 학습을 멈추지 않는다

자신의 강점과 약점을 파악하는 것은 절대로 끝나지 않는 과정이다. 맡은 직책이 바뀔 때마다 계속 업데이트해야 한다. CEO가 되어서도 끝나는 게 아니다. 직책이 그대로라도 업무 자체는 계속 바뀐다. 또한 세상이 계속 변하므로 비즈니스도 그래야 한다. 따라서 업무와 관련된 당신의 강점과 약점도 변할 수밖에 없다. 좋든 싫든 자신의 강점과 약점을 계속 파악하고 업데이트하며 개선하려는 자세가 중요하다. 원하는 리더의 자리에 오르고, 업무를 성공적으로 해내기 위해서는 항상 자신을 갈고닦아야 한다.

이 연습은 중간 및 고위 리더만을 위한 것이 아니다. 경력을 쌓기 시작하면 가능한 한 처음부터 이렇게 해야 한다. 그리고 경력이 끝날 때까지 계속해야 한다. 나중에 어느 모로 보나 '크게 성공한' 사람이 되었다고 해서 이 연습을 그만둔다면, 크게 실수하는 것이다. 배움이 끝나면 모든 것이 끝이다. 평생 배움에 헌신하는 자세는 위대한 리더에게 꼭 필요한 자질이다.

좋아하는 일을 찾아 그 일을 하라

리더는 자신이 어떤 일을 좋아하고, 어떤 일을 남에게 맡기는 것이 나은지 알아야 한다. 자신이 좋아하고 싫어하는 일에 대한 현실적인 이해가 어떤 일을 위임하고, 업무를 어떻게 체계화하며, 현재 맡은 업무가 적합한 업무인지 파악하는 등 모든 것에 영향을 준다. 만약 당신이 어떤 일을 싫어한다면 그 일을 피하려고 할 것이다. 반대로, 어떤 업무를 즐기고 좋아한다면 더 많은 시간을 할애하려고 할 것이다. 그렇다면 문제는 열정과 업무의 필요성을 어떻게 일치시킬 것인가 하는 것이다. 열정과 비즈니스 니즈를 일치시켰는가?

유럽의 요양원 및 건강 서비스 회사의 CEO는 핵심 인재들을 관리하기가 힘들어 몹시 지친 상태였다. 얼마나 지쳤던지 CEO 자리에서 물러나고 싶을 정도였다. 그녀는 이 문제를 상의하고 싶다면서 나를 만나러 왔다. 그녀는 내게 고참 시설 관리자들의 이례적으로 높은 이직률을 비롯하여 고객을 직접 상대하지 않는 부서들의 여러 가지 문제, 컴퓨터 시스템 장애 등 현재 느끼는 여러 가지 불만을 토로했다.

나는 그녀가 미처 예상하지 못한 질문을 던졌다. "CEO 자리를 수락하기로 한 이유가 뭐죠?" 그녀는 몇 초 동안 생각하더니 도움이 필요한 사람들, 즉 고객들을 도와주는 일이 진심으로 좋다고 말했다. 노인들과 만성 질환 환자들의 삶의 질을 높여주는 노인 주택의 개념을 개발하고 실행하는 것이 그녀에게 엄청난 동기를 부여했다. 그녀는 고객의 니즈를 이해하고 거기에 맞춰 솔루션을 고안하는 능력이 대단히 뛰어났다. 그런 일을 하면서 전율을 느낄 정도였다!

그다음에는 어떤 업무가 싫으냐고 물었다. 그녀는 망설이더니 일상적인 시설 관리와 인재 채용, 젊은 인재 코칭 업무는 별로 내키지 않는다고 털어놓았다. 직원이 1,000명이 넘고, 지금껏 성공적으로 이끌어온 회사를 키워낸 장본인이 어떻게 그런 업무를 싫어할 수 있는지 의아했다. 그녀는 자기 사업체를 키운다는 사실에 잔뜩 흥분되어 초기에는 채용과 코칭에 많은 시간을 들였다고 설명했다. 하지만 회사의 실적이 높아지자 자신이 가장 좋아하는 일로 돌아갔다. 어떻게 보면 충분히 있을 수 있는 일이었다. 그녀는 개념적 사고 능력이 뛰어났고, 고객들과 시간을 보내는 것을 좋아했으니 말이다. 하지만 시설 관리와 코칭, 인재 개발, 채용 업무는 뒷전이 되었다.

조직의 규모가 커짐에 따라 이는 점점 큰 문제가 되었다. 이런 중요한 업무를 소홀히 하고 방치하다시피 했다는 것은 말도 안 되는 일이었다. 게다가 모든 일을 그녀가 개인적으로 처리할 필요도 없었다. 그녀는 채용 업무를 주도하고, 핵심 인재를 코칭할 고위 간부를 찾거나 새로 채용해야 했다. 코칭의 범위를 좀 더 넓혀줄 리더들도 필요했다.

토론 후에 그녀는 COO(최고운영책임자) 자리를 신설하고 고위 간부 한 명을 COO로 임명했다. 주요 시설 관리와 인재 양성과 코칭 업무를 새로운 COO에게 맡겼다. 그는 회사와 회사의 문화를 잘 아는 사람이었고 자신에게 주어진 새로운 업무를 대단히 즐겼다. COO가 효과적으로 업무를 처리하는 덕분에 CEO는 자신이 잘하는 일에 집중할 수 있는 시간이 생겼다.

하지만 우리의 작업은 아직 끝나지 않았다. 다음 만남에서 나는

CEO가 코칭과 인재 양성 업무를 '나 몰라라' 해서는 안 된다는 사실을 강조했다. 그녀가 즐기고 잘할 수 있는 코칭에 어떤 것이 있을지 생각해보라고 했다. 생각 끝에 그녀는 자신이 중간 관리자들과 함께 새로운 프로젝트를 논의하고, 고객에게 더 나은 서비스를 제공하기 위한 아이디어를 브레인스토밍하는 시간을 좋아한다는 사실을 깨달았다. 그녀는 그런 시간을 더 자주 마련하기로 했다.

6개월 후에 그녀는 내게 예전보다 훨씬 만족도가 커졌고, 회사도 훨씬 더 효과적으로 운영되고 있다고 말했다. 문제를 '바로잡는' 방법이 이렇게 간단한 것이었다니 놀랍다는 말도 덧붙였다.

일에 대한 열정이 좋은 성과를 약속한다

이 리더가 자신이 기본적인 업무를 방치하고 있다는 사실을 깨닫지 못한 이유는 무엇일까? 직접 처리하기가 싫다면 위임해야 한다는 사실을 어째서 몰랐을까? 의아하긴 하지만 이런 일은 종종 일어난다. 많은 회사의 간부들이 그들의 능력이나 관심사와 상관없이 스스로 해야 하는 핵심 업무가 있다고 생각한다. 그런 업무를 남에게 위임하면 무능하다는 소리를 들을 거라고 생각한다. 그래서 위임하지 않고 서툴러도 스스로 처리하려고 한다.

자신에게 이렇게 물어보기 바란다. 나는 좋아하지 않는 중요한 업무를 소홀히 하고 다른 사람에게 위임하지도 않는가? 좋아하는 일에만 시간을 쏟고 다른 중요한 업무는 돌보지 않는가? 이에 대한 답을 곰곰이 생각해보기 바란다. 그리고 필요하다면 상황에 능동적으로 대처하기 위한 실행 계획을 마련하는 것을 고려한다.

앞에서 강조했듯이 조직의 핵심 우선순위에 부합하도록 시간을 관리해야 한다. 또한 업무를 계속하고, 잘하려면 그 일을 즐길 수 있어야 한다. 자신이 그 업무에 열정을 갖고 있는지 생각해보기 바란다.

이는 내가 첫 직장과 업계 선택을 고민하는 MBA 과정 학생들에게 늘 하는 조언이다. 재정적 보상은 많은 젊은이에게 강력한 동기가 된다. 하지만 안타깝게도 재정적 보상이라는 목표는 달성하기까지 수년이 걸리고, 보통 뛰어난 업무 성과를 계속 올려야만 가능하다. 즐기지 않는 일이라면 지속해서 뛰어난 성과를 올리기 어렵다는 사실을 기억하기 바란다! 이것은 이제 막 커리어를 시작했고 성공 가도를 달리고 싶은 젊은이들이 명심해야 할 내용이다.

직책이 높아지면 업무의 성격이 바뀔 가능성이 크다. 핵심 업무를 위임할 기회도 생긴다. 고위 리더가 되더라도 다른 업무보다 특별히 즐기는 업무가 분명 있을 것이다. 재미를 느끼지 못하는 업무는 그 일에 열정을 갖고 있는 사람에게 위임해야 한다. 한 발짝 더 나아가 밑의 직원에게도 위임을 권장해야 한다.

모든 중요한 업무가 즐거워야 한다는 의미가 아니다. 보상과 승진, 평가, 해고 등 즐겁지도 않고, 고통스럽더라도 반드시 리더가 해야 하는 업무가 있다. 리더는 이런 업무에 시간을 투자하고, 받아들이는 법을 배워야 한다. 하지만 가능하다면, 간부들은 자신의 기술과 열정에 맞는 업무에 집중해야 한다. 직접 하든 다른 사람에게 위임하든 핵심 업무는 반드시 조직의 니즈에 맞춰 훌륭하게 처리해야 한다.

자신에게 맞는 리더십 스타일 개발하기

훌륭한 리더가 되려면 자신의 열정을 이해하고 추구하는 것 외에 필요한 것이 또 한 가지 있다. 바로 자신에게 맞는 리더십 스타일을 개발하는 것이다.

'리더십 스타일'은 당신이 일하는 방식이다. 자신의 스타일을 알아보기 위해서는 다음과 같은 질문을 던져야 한다. 농담을 좋아하는가, 아니면 진지한 성격인가? 일대일 대화가 좋은가, 아니면 여럿이 함께 만나는 게 좋은가? 직접적이고 직설적인 게 좋은가, 가능한 한 갈등이 적은 게 좋은가? 분석적인가, 아니면 사람들과의 대화를 통해 더 많이 배우는가, 아니면 둘의 조합을 선호하는가?

동기부여에 대한 당신의 생각은 어떤가? 일을 제대로 하도록 만들려면 채찍이 필요하다고 보는가? 아니면 분명한 방향과 코칭을 제공할 때 능력을 최대한 발휘하려는 동기가 생기므로 적절한 유인을 제공하기만 하면 된다고 생각하는가?

이런 질문에 대한 답은 당신이 매일 어떻게 행동하고, 업무에 어떻게 접근하는지와 큰 관련이 있다. 모든 개인은 자신이 옳다고 느끼고, 마음이 가는 대로 이 질문에 답할 것이다. 다행히 효과적인 리더십 스타일은 하나가 아니다. 여러 가지가 있으며 상황에 따라 특히 효과적인 한두 가지가 있기 마련이다.

여기서 도전과제는 자신에게도 맞고 기업의 니즈(상황)에도 맞는 리더십 스타일을 개발하는 것이다. 자신과 맞지 않는 리더십 스타일은 고수하기가 힘들다. 반면 자신에게는 맞지만 상황의 요구에 맞지 않는 리더십 스타일로는 성공을 거두기 어려울 것이다. 물론 외부의 힘이나 다른 요인에 의해 상황이 변하면 리더십 스타일을 개발하기가 더욱더 힘들어진다. 오랫동안 유능한 리더로 일하기 위해서는 조직이 순조롭게 굴러갈 수 있도록 하면서도, 자신의 개성에도 맞는 쪽으로 리더십 스타일을 계속 바꿔야 하는데 이는 쉬운 일이 아니다.[1]

리더십 스타일은 첫 직장에서부터 나름대로 연구해볼 필요가 있다. 여러 가지 시행착오를 겪고, 새로운 직무를 맡으면서 리더십 스타일도 계속 변화한다. 나는 젊은 인재들에게 최대한 빨리 리더십 스타일을 개발하라고 조언한다. 고위 리더가 될 때까지 기다리면 너무 늦다!

리더십 스타일을 글로 정리하면 도움이 된다

리더십 스타일 문제를 생각해본 적이 있는가? 자신의 리더십 스타일을 이루는 기본 요소들을 메모장이나 아이패드에 몇 문장으로 적어보기 바란다. 거기에 놀랄 만한 내용이 있는가? 리더십 스타일을 적어보면 자신이 일하는 방법을 돌아볼 수 있을 뿐 아니라, 호불호도 알 수 있다. 자신이 일대일 미팅을 선호하는지, 아니면 그룹 미팅을 선호하는지, 일을 어떤 식으로 처리하는지 의식적으로 생각해보는 사람은 많지 않다. 실제로 이런 것들을 되돌아보면, 자신의 방식이 마음에 들지 않을 수도 있고, 생각처럼 효과적이지 않다는 사실을 깨닫기도 한다.

자신의 스타일이 만족스럽고 효과적인가? 그것은 당신의 가치관과 일치하는가? 적으면서 깜짝 놀랐는가? 그렇다면 어느 부분에서 놀랐고, 그 이유는 무엇인가?

진실을 깨닫고 행동을 바꿀 마음이 있는가

어느 대기업의 고위 간부는 CEO로부터 그가 이끄는 부서 직원들의 불만도가 심각할 정도로 높다는 이야기를 들었다. 간부는 예기치 못한 말에 깜짝 놀랐고, CEO의 평가 결과에 동의할 수 없었다. 서로 의견이 갈리는 상황을 해결하고자 해당 간부는 문제를 살펴보기로 했고, CEO는 나를 추천했다.

첫 번째 토론이 시작되었을 때 이 간부는 자신을 포함한 다른 50명의 간부를 대상으로 실시한 360도 평가를 바탕으로 CEO가 한 이야기에 동의할 수 없다는 뜻을 분명히 했다. 그는 그 평가 방법에 결함이 있으며, 기술과 효율성에 대한 객관적인 평가보다는 인기투표에 가깝다고 말했다.

토론 초반에 나는 그에게 그의 리더십 스타일을 설명해달라고 했다. 그는 대중적인 리더십 책에서 볼 수 있는 진부한 표현을 사용해 이렇게 대답했다. "저는 올바른 사람들을 올바른 자리에 앉히는 게 중요하다고 생각합니다. 사람들에게 능력을 증명하는 데 필요한 도구와 충분한 여유 공간을 제공해야 합니다. 사람들이 일을 잘할 수 있는 환경을 만들어야 한다고 생각합니다. 엄격하지만 공정해야 합니다. 개방적인 정책도 중요합니다." 그의 말에 나는 반박하지는 않았지만 360도 평가에서 나온 그의 리더십 스타일은 지금 그가 말한 내용과 상당히 다르다는 점을 지적했다. 나는 360도 평가에 전적으로 의존하기보다는 그의 밑에서 일하는 직원들 몇 명을 간단히 인터뷰하고 싶다고 말했고, 그는 동의했다.

4주 만에 다시 만난 자리에서 내가 미팅을 통해 들은 이야기를 토대로 한 솔직한 평과 결과를 알려주었다.

그는 다른 사람의 말을 듣지 않습니다. 질문도 하지 않고 자신의 말만 옳다고 주장할 뿐이죠. 만나면 혼자서 얘기하기 바쁩니다. 그는 나를 코칭해주지 않습니다. 아니, 나에 대해 알아보려는 노력을 아예 하지 않아요. 그는 내가 어떻게 해야 하는지를 외운 내용을 말하듯 술술 이야기하지만, 구체적이고 실행 가능한 조언은 하는 법이 없습니다. 나와 내 업무, 내 부서에 대해 잘 알지 못하기 때문이죠. 그는 문제가 있다는 얘기를 듣고 싶어 하지 않습니다. 나에게 문제가 있으면 나를 피하거나 문제가 내 탓이라고 비난하죠. 같은 상황을 두고 사람들에게 다르게 이야기합니다. 그는 내가 그에게 충성해야 하고, 공개적으로 그에 대해 불평하면 배신 행위라고 위협적으로 말합니다. 그는 공개적인 토론을 좋아하지 않습니다. 일방적으로 결정을 내려놓고는 '다 이야기가 된 것'이라고 하며 우리도 그 결정에 참여한 것처럼 이야기하죠.

그는 결과를 듣고 큰 충격을 받았다. 왜 지금까지 이런 피드백을 받지 못했을까? 직접 피드백을 요청하지 않은 것도 이유지만 자신이 피드백을 원하지 않는다는 분위기를 부지불식간 풍긴 것도 한몫했다는 사실을 깨달았다. 그는 자신의 실제 리더십 스타일이 그동안 자신이 신봉해온 내용과 다르다는 것을 알게 되었다.

직원들이 이런 생각을 갖고 있다는 사실을 그가 알아차리지 못한 이유는 무엇일까? 그에게 이 문제를 해결하고 더 효과적인 리더십 스타일을 개발할 마음이 있다면 문제에 어떻게 접근해야 할까?

우선 나는 그에게 이런 과제를 주었다. "자신의 실제 리더십 스타일을 적어보세요. 저번에 말했던 영업 멘트 같은 것 말고요. 필요하면 직원들에게 도움을 요청하고 인터뷰하는 것을 추천합니다. 친한 사람들부터 만나봐도 됩니다. 당신의 리더십 스타일과 이미지에 대해 상세한 피드백을 얻고 싶다고 말하세요. 정확한 정보를 얻었고, 토론할 준비가 되면 연락하세요. 시간 낭비일 것 같으면 모두 다 없었던 일로 해도 됩니다. 부담감을 느낄 필요는 없어요. 연락이 없어도 저는 상관없습니다. 제가 아니라 당신을 위한 일이라는 걸 명심하세요."

3주 후에 연락이 왔다. 그는 이 과제를 매우 성실하게 수행한 듯했다. 직원 여러 명과 나눈 대화와 진지한 자기성찰을 바탕으로 자신의 리더십 스타일을 솔직하게 기록했다. 그는 자신의 리더십 스타일이 오랜 세월 동안 발전해온 것이라고 말했다. 자신의 이전 상사들을 관찰하거나 다양한 도구와 기술을 적용한 결과였다. 가령 그는 리더는 답을 알아야 하고, 자신의 관점을 강력하게 옹호하며, 자신감을 보여주고, 불확실함이나 취약함을 드러내지 않아야 한다고 믿었다.

부서 책임자인 그는 직원들을 인터뷰하고, 피드백을 살펴보고 또 나와 이야기를 나누면서 슈퍼맨이 되려고 애쓰는 것이 아니라, 자신의 진짜 개성에 맞는 리더십 스타일을 개발할 절호의 기회가 주어졌다는 사실을 깨달았다. 더 많은 질문을 하고 더 열심히 귀 기울이고 직원들의 생각을 알려고 노력하고 모든 답을 가지고 있지 않다는 것을 인정한다면, 더 유능하고 강한 리더가 될 수 있을 것이다. 스타일을 바꾼다면 나중에 이 회사에서든 다른 회사에서든 CEO가 될 가능성이 더 커질 것이었다.

지금까지 그는 리더의 역할은 회사 전체의 짐을 혼자서 짊어지는 것이라고 생각했다. 회사 업무의 복잡한 성격으로 볼 때 이는 엄청나게 어려운 일이었고, 효율적이지도 않았다. 이제 새로운 리더십 스타일이 열어줄 새로운 길이 보였다.

당신의 굳건한 신념은 무엇인가? 어떤 것에 편안함을 느끼는가? 당신의 리더십 스타일은 위대한 리더에 대한 개인적인 믿음을 바탕으로 하는가? 그 스타일이 자신이나 조직에 모두 효과적인가? 어려운 질문이지만 리더는 반드시 이 질문을 떠올리고 그에 대한 답에 따라 행동해야 한다. 당신은 배우고 그에 적응하고 변할 수 있다.

정의가 승리할 것이라고 믿는가

조직의 리더로서 성공하기 위해서는 우선 어느 정도 자신에 대한 믿음을 갖고 있어야 한다. 자신이 조직에 특별한 능력을 더해줄 수 있다는 믿음이 있어야 하는 것이다. 나 같은 인재가 있다는 것은 조직에 큰 행운이라고 말이다.

하지만 이 정도로는 부족하다. 자신에 대한 믿음과 '믿음의 도약'을 가능하게 하는 능력을 함께 갖춰야 한다. 자신만의 스타일을 개발하고 열정을 추구하며 능력을 향상하려면, 자신이 고유한 능력을 인정하고 그에 따라 보상을 해주는 조직의 구성원이라는 믿음이 있어야 한다. 한마디로 정의가 승리할 것이라고 믿어야 한다.

당연한 말처럼 들릴 수도 있지만 내가 만나는 젊은 인재들과 간부들의 경우에는 그렇지 않다. 지난 20년간 고위직 리더들을 포함해 최고 역량을 발휘하지 못하는 리더를 꽤 많이 보았는데, 기본적으로 자신에 대한 믿음이 부족하거나 조직이 자신을 공정하게 대해주리라는 믿음이 없기 때문이었다. 그 결과, 이러한 현상은 그들의 승진과 자기개발, 궁극적으로는 조직에 대한 기여를 방해하게 된다.

이렇게 믿음이 부족하면 항상 대가에 대한 기대치에 따라 행동하게 된다. 공로를 인정받을 수 있을까? 성과급을 받을 수 있을까? 승진에 도움이 될까? 윗선에 잘 보일 수 있을까? 그들은 이런 질문을 가장 먼저 떠올렸고, 결과적으로 '얻을 것'이 없으면 다른 사람을 도우려고 하지 않았다.

공정성을 믿어야 하는 이유

나는 조직의 '공정성'을 믿지 않는 젊은 리더들이나 고위직 리더들과 일해본 적이 있다. 그 경험을 통해 나는 그들이 언젠가 부당함의 '희생양'이 된 적이 있기 때문에 그런 태도를 갖게 되었음을 알았다. 승진에 실패했거나 받을 거라고 믿은 포상이 주어지지 않았을 수도 있다. 어떤 업무에서 완전히 실패한 원인이 '공평한 기회'를 얻

리더십 탐독

지 못했기 때문임을 깨달았을 수도 있다. 구체적으로 어떤 경험이든 공정한 대우와 관련된 큰 트라우마와 영향을 받은 사건이 있었을 것이다. 그래서 정의가 실현되지 않을 것이라고 믿게 되었고, 그 믿음에 따라 행동하는 것이다.

가족 기업을 운영하는 사람은 이것이 별로 문제가 될 것이 없다고 생각할지도 모른다. 결국, 자기가 사장이기 때문이다. 놀랍게도 나는 이런 상황에서 부모와 친척, 배우자, 형제자매, 심지어 자녀들의 기대에 부합해야 한다고 생각하지만, 그들이 자신만의 고유한 스타일과 기술, 기여도를 제대로 평가하고 감사하게 생각할지 의심하는 CEO들을 많이 보았다. 이것은 소규모의 독립적인 가족 기업에 '가족 상담사'들이 많은 이유 중 하나이다. 이런 회사들에서는, 기능 장애와 불신이 대기업만큼이나 큰 문제가 될 수 있다. 가족 기업의 CEO들과 상담을 해보면 그들의 가장 큰 문제는 '시스템'이 공정하게 운영된다는 믿음의 상실이라는 것을 알 수 있다.

이런 것들이 왜 중요할까? 리더가 냉소적이든 시스템에 대한 믿음이 부족하든 무슨 상관이란 말인가? 그 이유는 냉소적이고 불만 많은 리더는 내가 이 책에서 강조하는 행동을 하기가 몹시 어렵기 때문이다. 그들은 강점과 약점, 열정, 리더십 스타일의 개선, 진정성에 집중하기보다는 다른 사람의 비위를 맞추는 데 정신이 팔려 있다. 그들은 진정한 리더십 스타일을 갖추지도, 그를 위한 도전과제를 진지하게 받아들일 수도 없다. 이는 심각한 문제이다. 리더가 시스템의 공정성을 믿지 않으면 그것은 예언이 된다. 그들은 팀워크를 구축하거나 회사의 이익을 위해 직원들을 단결시키기가 몹시 어렵다는 사실을 알게 될 것이다. 자기도 모르게 직원들에게 조직과 고객의 이익을 나 몰라라 하는 이기적인 행동을 부추겼기 때문이다.

그 반대의 경우도 마찬가지이다. 공정함과 능력을 우선시하는 시스템을 만드는 것은 조직의 뛰어난 경쟁 우위가 될 수 있다. 뛰어난 인재는 진정성 있는 리더와, 정의가 승리하고 구성원들이 잠재력을 발휘하도록 격려해주는 조직을 선호한다.

너무 감성적이거나 상아탑의 현실과 동떨어진 얘기처럼 들릴지도 모른다. 그렇다면 다시 생각해보기 바란다. 한때 위대했던 기업이 능력주의의 붕괴로 쇠퇴한 사례는 수없이 많다. 그런 기업들을 지켜본 결과, 장담하건대 그 기업들이 몰락한 가장 큰 이유는 리더십과 회사의 공정한 시스템에 대한 신뢰의 상실 때문이었다. 믿음이 사라지자 내가 이 책에서 설명한 리더의 핵심 업무를 제대로 수행할 수 없었다. 비전과 우선순위를 정하고 코칭과 멘토링, 인재개발로 직원들을 하나로 모으고 비즈니스의 일치성을 계속 유지하는 등의 일이 불가능해진 것이다.

어떤 조직이든 계층에 상관없이 모든 구성원에게는 믿음에 대한 강한 욕구가 있다. 그들은 자기 자신을 믿고 싶어 하며, 믿어야만 최고의 역량을 발휘할 수 있다. 그들은 조직을 믿고 싶어 하고, 역량을 발휘하려면 조직을 믿어야만 한다. 당신의 리더십 스타일은 그런 환경을 만들고 있는가?

리더십 탐독

냉소적인 리더를 둘러싼 불신자들

규모가 큰 전문 서비스 기업의 CEO는 회사를 한 단계 더 성장시키는 데 실패하자 크게 낙담했다. 나와 20년 지기인 그는 내가 하버드 비즈니스 스쿨에 임용되자 조언을 해달라고 부탁했다. 그는 고유 역량을 바탕으로 회사를 세계적으로 키우고, 기존 제품과 함께 근접 시장을 개척하고 싶다는 포부를 밝혔는데, 이는 매우 효과적인 전략이었다. 올바른 방향으로 가고 있는 것 같은데 굳이 내게 조언을 부탁한 이유가 궁금했다.

그는 이 전략을 실행하려면 핵심 리더들에게 국내와 해외의 새로운 직책을 맡겨야 한다고 설명했다. 그런데 안타깝게도 리더들을 설득할 수가 없었다. 그래서 인재를 새로 채용했지만 다수가 회사 문화에 적응하지 못하거나, 기대한 만큼의 성과를 올리지 못해 그만두었다. 회사가 새로운 전략을 실행하는 데 필요한 인사이동 문제로 고전하는 동안, 경쟁업체들은 빠르게 성장해 새로운 사업 부문에서 이 기업을 앞질러 갔다. 결국 시장점유율이 떨어지고 전략의 취약성은 커졌다.

그는 진퇴양난의 상황을 해결할 수 있도록 도와달라고 했다. 핵심 부서의 리더 6명과 대화를 나누고, 재무 및 전략과 관련한 유용한 정보를 찾아달라고 했다.

나는 다양한 내부 정보를 살펴본 다음 핵심 부서의 리더 6명과 이야기를 나누었다. 그런데 토론 과정이 순조롭지 않았다. 그들은

"이 회사에서는 수익 창출에 대해서만 보상을 해줍니다"라고 불만을 토로했다. 직원들에게 회사를 위해 직무를 바꾸라고 해도 개인적인 희생이나 경력상의 위험 감수, 회사의 새로운 이니셔티브 추진 등을 달가워하지 않았다. 보상이 따르지 않는 희생이라는 생각 때문이었다. 과거에 다른 사람들이 비슷한 이니셔티브를 추진했다가 손해만 보는 것을 목격한 것이다.

그들은 CEO가 조직에서 점차 높은 자리에 오르기까지 함께 긴밀하게 작업했다고 말했다. 그가 CEO 자리에 오른 것은 그의 사업 부문이 상당한 수익을 창출했고, 그가 자신의 '공로'를 어필해 인정받는 데 뛰어났기 때문이다. 그는 자신의 이익을 가장 먼저 챙기기로 악명이 높았다. 과거에 그는 지금 진행하고 있는 전략적 '투자' 프로젝트에 개인적으로 냉소적인 태도를 보였고, 유능한 리더들에게 그런 프로젝트를 지원하는 위험을 감수할 필요가 없다고 말한 바 있다.

사실 이 CEO는 그동안 그의 태도를 그대로 본받은 냉소주의자들로 이루어진 회사를 만든 것이나 다름없었다. 그를 비롯한 '불신자들'은 점점 더 성공 가도를 달렸고, 점점 더 많은 회사의 요직을 차지했다. 그런데 이제 밑의 직원들에게 해외 파견, 직무 교체, 채용 인터뷰, 젊은 인재 코칭 등 회사를 위한 일을 하라고 요구하는 것이다. 한마디로 개인에게 도움이 되진 않지만 회사에는 큰 도움이 되는 희생을 하라는 것이었다.

CEO는 사람들에게 필요한 일을 시킬 수가 없었다. 결과적으로 이 기업은 세상의 변화에 맞춰 변화하지 못했다. 시장 경쟁력이 약해지고 경쟁업체들에 한참 뒤처지기 시작했다.

나는 CEO와 그의 사무실에서 후속 회의를 하면서, 내가 알게 된 내용을 전달했다. 직원들이 그 누구도 아닌 바로 CEO에게 그들만을 위한 이익을 챙기는 방법을 배웠다고! 그들은 회사를 믿는 것이 어리석고 위험한 일이며 자기 잇속은 자기가 알아서 챙기는 것이 현명하다는 사실을 배웠다. 업무는 그저 업무일 뿐이라는 사실도 알게 되었다. 그들은 더 좋은 일자리가 생기면 진지하게 이직을 고려할 것이다. '해야 하는 것보다 더 노력해서' 회사가 강해지면 모든 사람에게 이익이지만 그렇게 하면 안 된다고 배웠다. 그보다는 자신이 1등이 되는 것이 더 중요하다!

음식점으로 자리를 옮겨 저녁을 먹으면서 나는 CEO에게 어째서 회사에서 냉소주의자로 악명이 높아졌는지 물어보았다. 그는 일찍이 업무에 대한 그의 태도에 영향을 끼친 두 가지 경험을 들려주었다.

흥분한 듯한 말투로 봐서 여전히 응어리가 남은 듯했다. 나는 많은 사람들이 경력을 쌓는 과정에서 비슷한 경험을 하지만 대부분은 털어내고 앞으로 나아간다고 말했다. 그는 그렇게 하지 못한 것이 분명했다.

그는 자신의 냉소적인 태도가 맡은 업무를 성공적으로 해내는 데 방해가 되고 있다는 사실을 마지못해 인정했다. 문제는 이제 어떻게 해야 하는가였다. 그는 자신의 리더십 스타일을 진지하게 생각해보기로 했다. 그는 정의와 공정성에 대해 생각해볼 필요가 있었다. 정의가 승리하는 회사를 만들기 위해 노력했는가? 그는 CEO인 자신이 '냉소주의'를 유지할 수는 없다는 사실을 깨달았다. 사람들이 대의를 중요시하고 자신보다는 회사와 동료들의 이익을 먼저 생각하는 환경을 만들었어야 했다.

우리는 문제를 해결하기 위해 그가 취할 수 있는 구체적인 조치에 대해 논의했다. 첫째, 매출뿐 아니라 여러 가지 기준을 바탕으로 직원들에게 성과급을 지급하고 승진시키기로 했다. 둘째, 핵심 리더의 자리를 회사를 위해 희생하는 사람들로 채우기로 했다. 이를 위해서는 먼저 성공한 리더에 대한 그 자신의 정의를 바꾸고 '말과 행동을 일치시킬' 필요가 있었다.

이 이야기가 해피엔딩으로 끝났다고 말하고 싶지만 결과는 아직 나오지 않았다. 이기적이고 냉소적인 사람이 하루아침에 자신의 이익은 제쳐두고 남을 먼저 생각하기란 쉬운 일이 아니다. 이 CEO는 사고방식과 행동을 바꾸고, 공정함의 정의를 확대하며, 실적만이 아니라 회사를 진심으로 위하는 리더들에게 금전적인 보상과 승진 기회를 주기 위해 여전히 노력하고 있다.

올바른 믿음을 심어주는 방법

당신은 조직의 '최고 냉소주의자'인가? 비즈니스를 탄탄하게 만든다고 하면서 사실은 조금씩 허물고 있지는 않은가? 그렇다면 지금 당신이 만들고 있는 것은 누구의 지지도 받을 수 없는 냉소적인 환경이다. 그것은 결국 리더들의 능력을 떨어뜨리고, 조직을 무너뜨릴 것이다!

성공한 조직은 믿음을 바탕으로 만들어진다. 옳은 일을 하고, 진정성을 추구하며, 다른 사람들을 돕고, 기업을 위해 희생하면, 정의가 승리한다는 믿음 말이다. 그렇다고 부당한 일이 전혀 없다거나 '업보의 균형'이 작용하지 않는다는 뜻은 아니다. 그러나 장기적으로는 정의가 승리할 것이다.

당신은 이런 믿음을 가지고 있고, 사람들에게 이런 믿음을 주었는가?

이 문제를 잘 해결하고 싶다면 첫째, 언어의 사용에 주의해야 한다. 사람들은 리더의 말 한마디, 한마디에 주목한다. 나중에 당신에게로 돌아올 수 있으니 냉소적인 발언을 하지 않도록 조심하라.

둘째, 단순히 상업적인 생산성을 기준으로 직원들에게 보상을 해줘서는 안 된다. 장려하고자 하는 행동을 할 경우 보상해준다. 코칭, 어려운 업무, 채용, 탁월한 고객 서비스, 관계 구축, 조직의 평판을 깎아내릴 수 있는 사업을 거부하는 용기 있는 행동 등. 다시 말해, 수익성을 높여주는 것뿐만 아니라 위대한 기업을 만드는 행동을 격려하라.

반대 의사를 표현할 수 있는 환경 만들기

중요한 사안이 한 가지 더 있는데, 이는 '공정한' 직장에서 원래의 내 모습 그대로 행동할 때 뒤따르는 긍정적인 결과와 관련 있다.

정의가 승리할 것이라는 믿음이 있으면 사람들이 자기 의견을 당당하게 말하고 필요할 때 반대 의사를 표시할 수 있다. 위대한 조직은 이런 사람들이 있을 때 만들어진다. 운이 좋아서 이런 곳에서 일한다면, 자신만의 신념을 만들고 그를 표현하며 행동으로 옮겨야 할 의무가 있다.

회의에서 높은 사람이 발표할 때 다른 사람들은 전부 다 이해하거나 동의한다는 듯이 고개를 끄덕이지만 자신은 대체 무슨 말인지 이해되지 않을 때가 있는가? 그런데도 당신은 분위기에 휩쓸려 고개를 끄덕일지도 모른다. 높은 사람의 발표가 끝난 후 다들 칭찬을 하자 당신도 덩달아 그를 칭찬한다. "훌륭한 발표였습니다!"

하지만 그 자리에 있는 다른 사람들도 이해하지 못했고 동의도 하지 않는 경우도 있을 것이다. 단지 그런 척해야 한다는 주변의 압력을 받은 것이라면? 이럴 때 손을 들고 "죄송합니다만, 무슨 말씀인지 모르겠습니다"라고 말하거나 "이해한 부분에 대해서도 동의할 수 없습니다"라고 말할 용기와 자신감이 있는 사람이 한 명도 없었던 거라면?

다들 동의하지 않는데도 수긍해버리면 끔찍한 결정이 내려지고 중대한 실수가 발생할 수 있다. 아무도 상사나 동료나 직원의 의견에 반대할 만한 믿음이나 책임감이 없는 것이다. 그들은 자신의 신념에 대한 믿음이 부족하고, 자신이 다른 사람들보다 이해력이 부족한 것은 아닌지 걱정했을 수도 있다. 혹은 그날 아침에 유독 머리가 잘 돌아가지 않은 것인지도 모른다. 하지만 사실 그들은 함께 회의하는 그 누구 못지않게 날카로운 분석력을 갖고 있으며, 동료들은 반대 의견을 환영하고 기꺼이 건설적인 토론을 벌이고자 할 수도 있다.

리더는 신념을 행동으로 옮기는 사람이다

하버드에서 5년간 경영학 석사 과정에 있는 젊은 사람과 간부들에 이르기까지 다양한 학생들을 가르치는 동안 많은 이들이 리더십을 정의해달라고 요청했다. 리더십은 다른 사람에게 지시를 내린다는 뜻인가? 카리스마가 있거나 설득력 있는 연설을 할 수 있다는 뜻인가? 아니면 이유야 어쨌든 사람들이 따른다는 뜻인가? 리더십은 타고나는가, 배울 수 있는 것인가?

내가 정의하는 리더십은 이렇다. 리더는 자신의 신념을 찾기 위해 노력하고, 신념을 행동으로 옮길 용기가 있는 사람이다.

물론 리더의 자질에는 다른 것도 많지만 이것이 핵심이다. 이 정의에 따르면 조직의 규모나 업무의 유형은 중요하지 않다. 바로 밑의 직원이나 공식적으로 할당된 직무가 없어도 리더가 될 수 있다.

이 정의에 따르면 강력한 리더십은 자신의 의견을 말하고 관점을 표현하는 것처럼 간단할 수도 있다. 그렇다면 당신은 리더인가? 직원들이 자기 의견을 말하도록 격려함으로써 그들의 리더십을 길러주는가? 리더십을 보여주는 행동에 보상을 하고, 그것을 승진의 기준으로 삼는가?

많은 사람들이 직함, 관리자로서의 막중한 책임, 돈 같은 리더십의 외적인 부분에 끌린다. 하지만 이는 자신의 신념을 찾고, 믿음에 따라 행동해야 한다는 리더십의 기본 테스트를 통과하지 못한다.

조직이 궤도에서 벗어나 곤경에 빠지는 이유도 대개는 이 때문이다. 젊거나 경험 많은 리더들조차 현재의 관행에 동의할 수 없어도 상사에게 이의를 제기하거나 대안을 제시하고 자기 의견을 말하기를 주저한다.

위협적인 리더는 좋은 의견을 가로막는다

큰 성공을 거둔 한 기업의 CEO는 매우 비판적이고 논쟁을 좋아했다. 나와는 개인적으로 잘 아는 사이인데, 사실 그는 의견 불일치를 환영하지만 매우 신랄한 스타일이라 종종 사람들을 위협하고 의도치 않게 의사 표현을 하지 못하도록 만들기도 했다. 그와 토론할 때는 모든 사실 정보를 완벽하게 정리해두어야 했다. 그가 공격적으로 이의를 제기하고 비판할 것에 대비하기 위해서였다. 스스로 방어적인 태도를 보이거나 심지어 바보가 된 느낌이 들 수도 있었다.

이런 그의 리더십 스타일 때문에 고위 간부들은 나름대로 합리적인 전략을 쓰게 되었다. 한 리더가 그 전략을 설명했다. "CEO가 어떻게 생각할지를 생각해본 다음에 그것을 말로 표현하면 됩니다. CEO보다 먼저 말하는 거죠. 그러면 그가 자신과 관점이 똑같다고 생각하고 높은 점수를 줍니다!"

이런 리더십 스타일에도 불구하고 회사는 오랫동안 꽤 좋은 성과를 거뒀고, CEO도 관리자이자 리더로서 평판이 좋았다. 그러다 2007년에 경제 위기가 시작되면서 이 회사가 갖고 있는 리더십 문화의 단점이 뚜렷하게 드러났다.

CEO의 몇 가지 결정이 그동안 신중하게 구축해온 프랜차이즈에 피해를 입혔다. 의사결정 과정에서 몇몇 간부들은 그 결정이 무척 걱정스러웠지만 끝내 입을 꾹 다물었다. 한두 사람이 우려의 목소리를 냈지만 CEO가 적극적으로 이의를 제기하자 이내 조용해졌다. 다른 사람들은 걱정스러운 나머지 회사를 떠나기로 결심하기도 했다.

2008년 말에 CEO가 지난 2년 동안 회사가 입은 피해를 복구하는 것을 도와달라고 내게 부탁했다. 우리는 먼저 현재의 상황을 진단하고 2년 전에 내린 중요한 의사결정을 분석했다. CEO는 내가 직원들과 자유롭게 대화를 나눌 수 있도록 해주었다.

그들은 이미 내려진 몇 가지 중요한 결정에 대해 우려를 표명했다. CEO의 리더십 스타일과 토론을 하거나 안건에 대한 의견이 불일치하는 경우가 없었다는 사실도 알 수 있었다. 이 말을 들은 CEO 는 자신이 그 결정을 내릴 때 고위 간부들조차 용기 있게 나서지 않았다는 사실을 알고 화를 냈다.

나는 CEO와 고위 간부 10명을 대상으로 워크숍을 진행하기로 했다. CEO는 가만히 듣기만 하고 고위 간부들이 한 명도 빠짐없이 아무런 제약도 받지 않고 의견을 발표하는 방식이었다. CEO는 몇 시간 동안 귀를 기울였다. 그는 자신이 의도와는 다르게 고위 간부들이 자유롭게 토론하고, 반대 의견을 주고받으며, 좋은 결론에 이르는 회사의 강점을 없애버렸다는 것을 깨달았다. 리더들은 리더들대로 상사의 논쟁적인 스타일에 너무 겁을 먹을 필요 없이, 자주 목소리를 내야만 한다는 사실을 깨달았다.

워크숍 이후로 그 회사는 비즈니스가 입은 피해를 대부분 회복할 수 있었다. 더 중요한 사실은 CEO가 반대 의견을 내도록 격려하고, 중간 및 고위 리더들은 책임감을 갖고 자기 의견을 말하는 새롭고 바람직한 분위기가 조성되었다는 것이다.

너무 안전을 추구하면 오히려 위험하다

이처럼 리더들이 안전만을 추구해 입을 꾹 다물었다가 결국 회사가 끔찍한 피해를 입는 경우가 많다. 이를 해결하는 방법은 모든 사람들이 자유롭게 목소리를 낼 수 있도록 하는 것이다. 무슨 뜻이냐고? 어조와 타이밍은 사려 깊게 판단하되 자기 의견을 자신 있게 말하라는 것이다. 이는 동료와 회사에 대한 당신의 의무이다. 이해가 안 되거나 특히 동의할 수 없으면 분명하게 자신의 의견을 말하기 바란다. 위대한 기업은 토론과 반대, 견해차에서 나오는 현명한 결정을 토대로 만들어진다. 그런 기업의 사람들은 자기 자신에게 충실하고 주인처럼 행동한다.

이 장에서 내가 제안한 것은 대부분 사고방식에 관한 것이다. 물론 이런 사고방식을 갖는 것이 말처럼 쉽지는 않다. 주택 대출금과 자동차 할부금, 학자금, 결혼 자금 등 이 시대에 '성공한' 사람이 짊어져야 하는 수많은 의무 때문에 더욱더 그렇다.

"충고 고맙습니다. 나중에 부자가 되고, 직업도 안정되면 꼭 실천하겠습니다." 독자들은 이렇게 말할지도 모르겠다.

하지만 바로 지금 이렇게 해야 한다. 특히 젊은 직장인들이 지금부터 이렇게 한다면 자신이 원하는 안정과 성공을 쟁취할 수 있다. 더 중요한 것은, 자신의 최고 역량을 발휘할 수 있다는 것이다.

올바른 사고방식을 키우는 데 도움이 되는 개인적인 습관들이 있다. 앞에서 이미 언급한 바 있지만 다시 정리해보겠다. 첫째, 나이에 상관없이 내가 모든 사람에게 하고 싶은 충고는 돈을 모으라는 것이다. 한 비즈니스 스쿨 교수는 이것을 '퇴사 비자금' 혹은 덜 고상하게는 '지옥에 갈 돈'이라고 표현했다. 뭐라고 부르든 상관없다. 나는 자신의 직업을 사랑하는 것이 현명한 일이라고 생각하지만, 일과 사랑에 빠져서는 안 된다. 불안하고 두려워서 위험을 감수하지 못할 정도로 일의 노예가 되어서는 안 된다.

따라서 시야를 넓혀주고 일과 감정적인 거리를 두도록 만드는 활동을 할 필요가 있다. 충분한 휴식과 건강한 식단, 규칙적인 운동, 일 이외의 취미 활동 등을 하는 것이다. 이렇게 정서적 독립심을 키우면 조직에서 더욱 가치 있는 존재가 될 수 있다.

마지막으로, 가장 중요한 것은 다른 누구도 아닌 바로 나 자신의 잠재력에 도달하는 것이다. 자기 자신과 자신의 가치관에 충실하고 최고 역량을 발휘하기 위해 노력하면 성취도와 상관없이 스스로 크게 성공했다고 느끼게 될 것이다.

1   자신의 가장 큰 강점과 약점을 세 가지씩 적는다. 이때 현재의 업무 및 포부와 관련한 '사실'을 반영하기 위해 상사와 동료, 코치와 밑의 직원에게 자문과 조언을 구한다.

2   약점을 극복하기 위한 구체적인 실행 계획을 세운다. 여기에는 구체적인 직무 할당, 피드백 구하기, 외부 코치 영입 등이 포함된다.

3   직원들도 강점과 약점을 분석하고 실행 계획을 실천에 옮기도록 격려한다. 직원을 코칭할 때 실행 계획을 논의한다.

4   자신이 최선을 다해 훌륭한 성과를 내고, 큰 영향력을 발휘했던 때를 생각해본다. 어떤 상황이었는가? 어떤 업무를 했고, 어떤 리더십 스타일을 보여주었는가? 성과를 개선할 수 있게 해준 또 다른 요인은 무엇인가? 열정과 가치관 등 최고의 성과를 끌어내는 요인은 어떤 것이라고 생각하는가?

5   다른 사람들의 능력을 최대로 끌어냈던 경험을 떠올려본다. 어떻게 동기를 부여했는가? 리더십 스타일은 어땠는가? 상대가 능력을 최대한 발휘하도록 만든 다른 요인은 무엇인가? 이 상황을 돌아보면서 자신의 철학과 가치관, 동기부여 방식 등에 대해 어떤 교훈을 얻었는가?

8장

제대로 질문하는 리더가 성장하는 조직을 만든다

균형 잡힌 리더

BRINGING IT ALL TOGETHER

대공황과 그 여파는 지역과 산업, 기업에 조금씩 다른 영향을 미쳤다. 세계의 리더들은 지난 몇 년 동안 새로운 현실에 적응하고, 새로운 기회를 찾기 위해 열심히 노력했다. 그들은 기업의 경쟁 우위와 역량을 평가하고, 리더십의 효율성을 높이며, 아이디어를 실행할 구체적인 전략을 세우기 위해서도 애쓰고 있다.

나는 지난 몇 년간 다양한 환경에서 수많은 리더들을 관찰하고 긴밀한 관계를 맺어왔다. 그들이 조직을 평가하고 개편하며 효과적으로 성장시킬 수 있도록 도와주었는데, 그를 위해 많은 실수들을 포함해 내가 리더로서 경험한 일들을 활용했다. 반대로 다양한 성향의 리더들로부터 그들이 효과적으로 능력을 발휘할 수 있도록 도와준 방법을 배울 기회가 있었다. 다채로운 문제와 업종, 지역,

개성을 아우르는 그 경험을 바탕으로 이 책을 쓰게 되었다. 내 목표는 성공한 리더가 되는 법과 조직에서 훌륭한 리더들을 양성하는 방법을 알려주는 것이었다.

앞에서 살펴보았지만 이러한 노력은 지속가능한 성공을 가능하게 하는 특정 습관과 프로세스를 개발하는 데서 시작된다.

중요한 질문에 시간과 자원을 쏟아라

조직을 이끄는 것은 매우 힘들고, 때로는 갈피를 잡기 어려운 일이다. 그러므로 많은 리더들이 중요한 문제에 대해 충분히 심사숙고할 시간을 내지 못한다는 사실은 전혀 놀라울 것이 없다. 하지만 겨우 시간을 냈을 때는 경쟁업체의 위협을 예측하거나, 매력적인 기회를 포착하거나, 조직은 물론 자기 커리어의 발전에 중요한 변화를 추구하기에 너무 늦을 때가 많다.

이 책의 가장 큰 목적은 경력을 쌓거나 조직을 구축하는 구체적인 방법을 알려주는 것이 아니다. 사람과 조직은 저마다 다르다. 업종과 지리, 문화적인 부분도 주어진 상황에 어떤 접근법과 전략이 타당한지 결정하는 데 영향을 끼치므로 상세한 방법을 알려주기는 어렵다. 이 책의 진짜 목적은 '거울에 비친 자신'을 돌아보고 질문하도록 격려하는 것이다.

앞에서 잠시 모든 것을 멈추고 한 발짝 물러서서 중요한 질문을

리더십 탐독

던질 것을 제안했다. 업무를 중단하라는 말은 아니다. 중요한 질문에 답하기 위해 시간과 자원을 의식적으로 할당하라는 뜻이다.

당신이 자신과 조직에 던져야 할 질문의 틀을 언제, 왜, 어떻게 잡아야 하는지도 알려주었다. 이 질문의 목적은 당신이 찾고 해결해야 하는 중요한 문제에 도달하는 것이다. 질문의 틀을 잡는 과정과 장애물을 살펴보았고, 구체적인 상황에 따라 질문에 대처하는 방법도 제안했다.

이런 문제와 질문은 사고를 자극하고, 더 많은 질문과 분석, 성찰로 이끌 수도 있다. 여기에 혼자 답하기는 어려울 것이다. 동료들의 도움과 통찰력은 물론 다른 외부 자원이 필요할 수도 있다.

질문만 해도 90퍼센트는 성공한 것이다

다행히도 조직을 경영하고 이끄는 열쇠는 '모든 답을 아는 것'이 아니다. 일정 주기로 한 걸음 물러나 조직의 미래에 도움이 되는 중요한 문제를 파악하는 것이 관건이다.

나는 올바른 질문을 하는 것만으로도 90퍼센트는 성공한 것이라고 생각한다. 너무 당연한 말처럼 들린다면 실제로 얼마나 정기적으로 질문을 하는지 스스로 물어보라. 대부분의 리더는 실제로 해야 하는 것보다 질문을 훨씬 덜 던진다. 물론 일상적인 업무를 처리하기에도 바쁘니 이해가 안 가는 것은 아니다.

또한 리더들은 대부분 질문하기보다는 답을 찾으려고 한다. 마지막으로, 많은 리더가 어떤 우려 사항을 생산적으로 분석하고, 토론할 수 있게 해주는 질문으로 만드는 것을 어려워한다. 하지만 질문을 미루거나 피하면 완전히 옆길로 벗어나기 쉽다.

질문의 습관화

적극적으로 던지는 정기적인 질문은 습관이 되고 당신의 경력과 조직을 계속 올바른 방향으로 이끌어줄 것이다. 유능한 리더는 이 방법을 사용하며, 바람직하고 필수적인 리더십 활동의 하나로 삼는다. 통찰력 있는 질문과 성찰은 많이 할수록 좀 더 효과적으로 사용할 수 있다.

베테랑 리더는 물론 젊은 리더들도 이 방법을 활용하면 큰 도움이 된다. 조금이라도 빨리 습관으로 굳힐수록 좋다. 격렬한 신체 활동을 규칙적으로 하는 것과 비슷하다. 재미도 없고 매일 꼭 해야만 하는 다른 여러 가지 일만큼 중요하지 않은 것처럼 보일 수도 있다. 하지만 분명히 효과가 있다.

여기까지 읽고 조직과 자신의 리더십 스타일에 맞는 맞춤형 질문과 관행을 만들겠다는 강한 의지가 생겼을 수도 있다. 그를 실천하는 두 가지 방법은, 일상생활에서 성찰의 시간을 마련하는 동시에 이를 직장 생활의 일부로 만드는 것이다.

리더십 탐독

삶의 균형을 되찾는 방법

혼란스러운 일과 삶 속에서 한걸음 물러나 뒤돌아볼 시간을 반드시 마련해놓을 것을 추천한다. 리더에게는 균형 잡힌 시각으로 감정을 배제한 채 중요한 사안에 대해 생각해볼 시간이 필요하다.

이를 위해 내가 리더들에게 추천하는 방법은 다음과 같다.

· 적어도 3~4개월에 한 번은 휴가를 떠난다. 일 년에 서너 번 정도 휴가를 간다. 그 중 적어도 두 번은 생각할 시간이 충분한 느긋한 휴가여야 한다. '일주일 동안 8개 도시 여행'보다 '해변에 누워있는 시간'을 추천한다.

· 평소의 일과에 여유 시간을 끼워 넣는다. 일주일에 몇 번은 집에서 저녁 식사를 한다. 주말에는 스트레스 해소, 성찰, 수면 보충을 위해 시간을 비워둔다. 이런 여유 시간을 빼앗는 일들이 계속 생겨도 반드시 이렇게 해야 한다. 밤과 주말에 이리저리 뛰어다니면 일 처리에 도움이 되기는 하겠지만 성찰과 균형 잡힌 시각을 갖는 데는 도움이 되지 않는다.

· 자신을 돌보는 일을 우선순위에 넣는다. 신체적인 제약이 없다면 규칙적으로 운동하라. 건강에 좋은 음식을 먹고, 정기검진을 받아라. 몸이 가뿐하고 잠도 잘 자면 뇌도 더 잘 돌아간다. 또한 어려운 문제를 감정을 배제하고 객관적으로 처리하는 데 도움이 된다. 상쾌한 컨디션은 자신을 더욱 잘 돌아볼

수 있게 해준다.

- 삶의 균형을 되찾아주는 다른 방법들도 찾아본다. 여기에서 균형이란 일정 시간 업무에서 멀어지게 해주는 활동을 한다는 뜻이다. 사랑하는 가족과의 시간, 비영리 조직이나 지역사회에서의 봉사활동, 지적 활동 등 조직과 업무를 좀 더 큰 맥락에서 돌아볼 수 있게 해주는 일들 말이다.

이외에도 자신에게 알맞고 '초점을 맞추고 사물을 꿰뚫어 볼 수 있는 안목을 갖게 해주는 시간과 공간을 만든다'라는 커다란 목적과도 일치하는 활동이 많이 있을 것이다. 이 책에서 소개한 것이나 자신에게 맞게 만든 중요한 질문들을 일관성 있게 던질 수 있는 조건을 만들어야 한다.

또한 이 책에 나오는 여러 질문을 포함해 중요한 질문을 적어서 사무실 벽에 붙여놓으면 매우 유용하다. 놓치면 안 되는 사안과 문제들을 깜빡하는 일이 없도록 해주기 때문이다. 나는 업무에 변화가 생길 때마다 주기적으로 질문을 업데이트한다. 너무 산만해져서 질문에 대해 생각하기 어려우면 사무실을 벗어나 생각해볼 시간을 마련한다. 중요한 것은 자신에게 맞는 방법을 찾아 실천하는 것이다.

어떤 방법을 쓰든 간에 의식적으로 뒤돌아보고 진단하고 앞으로 나아갈 수 있는 시간을 내기 바란다.

성찰하는 조직

이 사고방식을 자신의 직장 생활에 적용하는 것도 중요하지만 조직 생활에도 적용해야 한다. 많은 기업의 리더들이 성찰과 질문, 토론, 주요 이니셔티브 진행을 위한 시간을 마련하기 위해 여러 프로세스와 이벤트를 마련한다. 몇몇 리더들은 이 기회를 잘 활용한다. 하지만 안타깝게도 다른 이들은 그 가치를 깨닫지 못하고 마지못해서 하는 시늉만 하거나 헛되이 낭비한다.

그 예로 월요일 아침 고위 간부들의 회의, 월별 또는 분기별 만찬, 간부 워크숍, 핵심 문제를 다루는 태스크포스 등이 있다. 이런 회의나 이벤트, 태스크포스를 조직에서 이용하고 있는가? 하고 있다면 그것을 성찰의 기회로 활용하는가? 아니면 사람들이 현황 보고를 할 뿐, 토론과 의견 불일치는 슬쩍 피해 가고, 문제는 회피하는 절차에 불과한가?

리더가 회의를 싫어한다는 말을 얼마나 자주 들었는가? 당신은 얼마나 자주 그렇게 말했는가? 회의는 그 자체보다는 형식과 진행 방식이 문제인 경우가 많다. 진행 방식이 잘못된 회의는 시간 낭비이고 참가자들도 짜증이 날 수밖에 없다. 당신은 예정된 회의 시간을 현명하게 사용할 수 있도록 충분히 준비했는가? 중요한 사안의 틀을 잡고, 활발하게 논의할 수 있도록 회의를 구성했는가? 고위 간부들과 뒤돌아보는 시간을 마련했는가?

이 질문들에 대한 답이 마음에 들지 않는다면 한 발짝 물러서서 접근 방식을 재고해봐야 한다. 회의가 시간 낭비로 전락하는 이유는 리더가 전혀 준비되지 않은 상태로 참석하기 때문이다. 핵심 주제를 어떻게 다룰 것인지 체계가 마련되지 않았고, 논의할 필요가 있는 긴급한 사안에 대한 참가자들의 생각을 알아보지 않았으며, 따라서 참가자들이 실제로 참여해 통찰을 얻는 효과적인 토론을 할 수가 없다.

이러한 접근법에는 준비와 생각이 필요하고, 회의를 '분할'하는 것이 도움이 된다. 각종 절차와 업데이트 회의는 최대한 간략하고 명료해야 한다. 이와는 별도로, 열리는 횟수가 적은 좀 더 긴 토론식 회의는 가급적 사무실을 벗어난 곳에서, 참가자들이 업무 걱정을 하지 않아도 되는 날에 하는 것이 좋다.

이런 회의를 위해서는 사안을 미리 생각해보고, 토론 주제로 제시할 몇 가지 핵심 질문을 준비해야 한다. 참가자들에게 토론 내용을 미리 준비해 오라고 할 수도 있다. 회의에는 결정 사항을 잘 반영한 후속 조치가 뒤따라야 한다. 그래야 훌륭한 통찰을 얻고, 좋은 아이디어를 실제로 실행할 수 있다. 이런 식으로 회의나 워크숍을 진행하면 팀이 강해지고, 리더의 위상도 높아질 것이다. 그리고 회의에서 나온 아이디어를 실행하면, 비즈니스도 더 탄탄해질 것이다.

팀을 위한 성찰의 공간을 만들어주어야 한다. 아직 그렇게 하지 않았다면 조직의 성장 기회를 놓치고 있는 것이다. 그리고 조직의 주요 행사를 계획하거나, 프로세스를 재정비하거나, 우선순위를 정하는 시간에 성찰의 시간을 끼워 넣는다. 이런 회의 시간은 비전과 우선순위를 돌아보고, 가치관을 강조할 수 있는 기회이다. 사람들에게 소리 내어 말할 수 있는 기회를 주어서 리더가 듣고 배우는 기회로 삼을 수도 있다.

지금까지 제안한 방법들은 당신이 발전해 나가도록 도와주기 위한 것이다. 앞으로 엄청난 변화의 시간이 찾아올 것이다. 최근에도 힘든 시간이었겠지만 향후 몇 년 동안에는 리더의 역량과 적응력이 더욱 혹독한 시험대에 오를 것으로 보인다.

반대론자와 비관론자들도 있지만 나는 전 세계의 수많은 리더와 교류한 결과, 오늘날의 기업과 비영리 조직에서 리더십이 여전히 제 역할을 다하고 있다는 확신을 얻었다. 수많은 리더가 시간을 들여 조언을 구하고, 모범 사례를 연구하며, 리더십과 경영 기술을 갈고닦는 방법을 배운다.

나는 그들의 사례와 배움에 대한 열린 태도에서 계속 영감을 얻는다. 이 책에 담긴 질문과 조언이 리더에게 유용한 도구가 되어줄 것임을 믿는다.

최고 역량을 발휘하는 리더가 되기 위한 질문

각각의 단계별로 리더십을 기르기 위해 던해져야 할 질문과 실행 계획은 다음과 같다.

비전과 우선순위

리더들은 일상적인 업무의 압박 때문에 비전을 제대로 전달하지 못할 수도 있다. 그러면 직원들이 어디에 초점을 맞추어 노력해야 하는지 알려줄 수 없다.

- 기업을 위한 명확한 비전이 있는가?
- 그 비전을 달성하기 위한 우선순위를 정했는가?

- 비전과 우선순위를 직원들에게 정확하게 설명했는가?

실행 계획

1 회사나 부서의 명확한 비전을 서너 문장으로 요약해 적는다. 이 장의 앞부분에서 설명한 기법을 활용하면 도움이 될 것이다.

2 그 비전을 달성하기 위해 가장 중요한 3~5가지 우선순위를 찾는다. 현재의 위치에서 볼 때 성공하기 위해 반드시 잘해야 하는 일들이어야 한다. 3~5가지로 좁히기가 어렵다면 이 장에서 설명한 1군, 2군, 3군으로 분류하는 방법을 사용한다.

3 비전과 우선순위가 명확하고, 쉽게 이해할 수 있는지 점검한다. 밑의 직원들이 곧바로 읊을 수 있을 정도로 비전과 우선순위에 대해 자주 대화를 나누고 환기한다. 그리고 직원들을 만나 비전을 잘 이해하고 있는지 확인한다.

4 비전과 우선순위를 정기적으로 알리고, 강조하고, 토론할 수 있는 장소와 기회를 마련한다. 질문과 답변 시간도 준비한다.

5 워크숍을 열어 간부들과 비전과 우선순위에 대해 논의한다. 특히 비전과 우선순위가 경쟁 환경과 세상의 변화, 기업의 니즈에 부합하는지 살펴야 한다. 이 자리를 비전과 우선순위를 업데이트하고 고위 간부의 지원을 확실하게 확보하는 기회로 삼는다.

시간 관리

리더는 자신이 시간을 어떻게 사용하는지 알아야 한다. 자신은 물론 직원들의 시간 분배가 비전을 달성하기 위한 핵심 우선순위에 부합해야 한다.

- 시간을 어떻게 쓰고 있는가?
- 중요한 우선순위에 더 많은 시간을 할애하는가?

실행 계획

1   2주 동안 자신이 시간을 어떻게 사용하는지 추적하고, 그 결과를 몇 가지 범주로 분류한다.

2   그 내용이 3~5가지 우선순위와 일치하는지 살핀 후, 일치하는 항목과 일치하지 않는 항목의 목록을 만든다. 일치하지 않는 항목은 2군과 3군에 해당하므로, 다른 사람에게 맡기거나 아예 없앤다.

3   일치하지 않을 경우에 대비해 실행 계획을 세운다. 예를 들어, 다른 사람이 쉽게 처리할 수 있는 일은 위임한다. 자신의 주요 우선순위에 맞지 않는 요청은 거절한다.

4   몇 달 후, 앞의 세 단계를 반복한다. 중요한 우선순위에 시간을 더 많이 투자하고 있는지 확인한다.

5   직원들도 똑같은 과정을 밟도록 한다.

코칭과 피드백

리더는 직원들을 적절한 시간에 코칭하지 않고 연말 평가까지 기다리는 경우가 많다. 이는 불쾌한 놀라움을 안겨주고 인재 개발에도 도움이 되지 않는다. 리더가 직원들에게 조언과 피드백을 받는 관계를 구축할 필요도 있다.

- 핵심 인재를 적극적으로 개발하고 코칭하는가?
- 구체적이고 시기적절하며 실행 가능한 피드백을 하고 있는가?
- 직원들에게 실행 가능한 피드백을 요청하는가?
- 듣기 싫은 비판을 해줄 수 있는 조언자가 있는가?

실행 계획

1 직원의 강점을 종이에 서너 가지 적는다. 성과 개선과 커리어 발전을 위해 좀더 발전시켜야 할 필요가 있다고 생각하는 기술이나 과제도 몇 가지 적는다. 시간을 투자해 그들의 성과를 직접 관찰하고 조사해서 이 분석에 필요한 질문과 정보를 준비하고 정리한다.

2 각각의 직원과 당신이 관찰한 내용을 토론하고, 필요한 부분을 개선하기 위한 구체적인 방법을 찾는다. 연말 평가보다 최소 6개월 일찍 이렇게 하는 것을 추천한다.

3 자신의 강점과 약점을 솔직하게 적고, 그에 대한 솔직한 피드백을 요청할 수 있는 직원을 적어도 5명 뽑는다. 그리고 그들을 따로 만나 도움을 요청한다. 그 미팅에서 개선이 필요하다고 생각하는 과제나 기술을 적어도 한두 가지 알려달라고 부탁한다.

4 약점과 개선이 필요한 부분을 어떻게 처리할지 계획을 세운다. 직속 상관이나 신뢰할 수 있는 동료가 있다면, 당신이 개선해야 할 부분이 무엇이고 해결책은 무엇인지 조언을 구한다. 당신의 상황이나 직급에 따라 외부에서 코치를 고용하는 것도 고려한다.

5 직원들에게 그들 자신과 밑의 직원을 대상으로 이 방법을 실시하도록 권한다.

승계와 위임

리더가 적극적으로 승계 계획을 세우지 않으면 위임이 충분히 이루어지지 않아 의사결정에 병목 현상이 생길 수 있다. 충분한 도전 기회를 주지 않으면 핵심 인재가 회사를 떠날 수도 있다.

· 중요한 자리를 이어받을 사람이 있는가?
· 당신의 후계자를 찾았는가?

- 찾지 못했다면, 무엇이 문제인가?

- 업무를 충분히 위임하고 있는가?

- 의사결정에 병목 현상이 발생했는가?

실행 계획

1   부서 및 조직을 위한 후계 직원 목록을 만든다. 여기에는 당신의 뒤를 이을 만한 잠재적 후계자가 적어도 두세 명 포함되어야 한다.

2   후보자별로 개발이 필요한 부분과 미래에 맡길 역할에 대비해 역량을 키우는 데 필요한 구체적인 개발 계획을 고안한다.

3   위임하고자 하는 주요 업무가 직원 목록에 포함된 후보자들 중 누구에게 알맞을지 살펴본 다음 업무를 할당한다.

4   위임된 업무를 중요성의 정도에 따라 분류한다. 이 분석을 토대로 매우 잘해야 하는 업무와 '일정 수준'이어도 되는 업무를 확인한다. 이러한 구분에 따라 개입의 정도를 정해야 한다. '개입'이라고 해도 대개는 직접적인 간섭이 아닌 코칭의 형태를 취해야 한다. 대단히 중요한 일일 경우에만 코칭을 넘어 직접적인 개입을 할 수 있도록 선을 분명하게 정한다.

5   부서 책임자도 직원들을 대상으로 이 연습을 하도록 한다.

평가와 일치

세상은 끊임없이 변화하고 리더는 변화에 맞춰 비즈니스를 조정하는 능력을 갖추어야 한다.

- 회사의 설계가 여전히 비전과 우선순위와 일치하는가?

- 만약 지금 백지부터 다시 기업을 설계한다면 사람과 업무, 조직 구조,

문화, 리더십 스타일을 어떻게 바꿀 것인가?

- 왜 아직 그런 변화를 추구하지 못했는가?
- 자신과 조직을 백지상태에서 평가해본 적이 있는가?

실행 계획

1 백지상태에서 시험해볼 사업 부서를 정한다. 후계 직원 목록에서 몇 명을 골라 소규모로 태스크포스를 구성한다. 최소한 2~3개의 부서와 영역에 속한 직원들이어야 한다. 팀에 구체적인 임무를 부여하고 지켜야 할 성역이 없음을 분명하게 강조한다. 그들의 조언을 전부 따르지 않을 수도 있지만 솔직한 견해를 원하고, 적어도 일부를 실행할 것이라고 말한다.

2 일정을 정한다. 이 과제가 그들의 일상적인 업무를 대신하지 않는다는 사실을 고려한다. 질문에 답하거나 지침을 일러주는 것은 괜찮지만 그들의 분석과 결론에 영향을 주지 않도록 절대 개입하지 않는다.

3 태스크포스가 내놓은 결과를 살펴보고, 당신과 태스크포스가 이 과정에서 배운 것을 알아보는 사후평가를 실시한다.

4 태스크포스의 제안을 전부는 아니더라도 일부라도 실행하기 위한 구체적인 계획을 세운다.

역할 모델

주변 사람들은 리더의 행동을 자세히 관찰한다. 행동은 리더의 신념과 가치관에 대한 강력한 메시지를 보낸다.

- 당신은 역할 모델이 되어주고 있는가?
- 행동이 말과 일치하는가?

- 압박을 받으면 어떻게 행동하는가?
- 행동이 가치관과 일치하는가?

실행 계획

1   자신이 말이 아닌 행동으로 사람들에게 어떤 메시지를 전달하고 있는지 적어본다. 당신의 행동을 직접적으로 관찰하는 직원과 고문들에게 조언을 받아 다음의 질문에 답한다. "내가 전달하고 싶은 메시지와 실제로 전달하는 메시지는 서로 일치하는가?"

2   직원들에 대해서도 이 질문을 던져본다. 그들 개개인은 조직이 중시하는 가치에 대해 어떤 메시지를 전달하는가? 이 작업을 이 직원들에 대한 코칭에 포함한다.

3   엄청난 스트레스를 느꼈던 상황과 자신의 행동을 후회했던 때를 생각해본다. 스트레스를 유발한 한두 가지 문제를 생각해보고, 이 문제들이 자신의 업무와 아무런 관련이 없을 수도 있다는 사실을 상기한다. 만약 그 상황으로 돌아간다면 이번에는 어떻게 행동할 것인가? 이 방법에서 얻은 교훈을 한두 가지 적는다.

역량 발휘

성공한 리더는 비즈니스의 니즈뿐 아니라 자신의 신념과 성격에 부합하는 리더십 스타일을 개발한다.

- 자신의 강점과 약점, 열정과 일치하는 길을 가고 있는가?
- 그렇지 않다면, 무엇을 망설이는가?
- 직장에서 자신만의 스타일을 개발했는가?
- 자기 의견을 표현하고 자신감 있게 행동하는가?

- 직원들이 진정한 자신의 모습을 드러내고 의견을 표현하도록 격려하는가?

실행 계획

1 자신의 가장 큰 강점과 약점을 세 가지씩 적는다. 이때 현재의 업무 및 포부와 관련한 '사실'을 반영하기 위해 상사와 동료, 코치 겸 직원에게 자문과 조언을 구한다.

2 약점을 극복하기 위한 구체적인 실행 계획을 세운다. 여기에는 구체적인 직무 할당, 피드백 구하기, 외부 코치 영입 등이 포함된다.

3 직원들도 강점과 약점을 분석하고 실행 계획을 수행하도록 격려한다. 직원을 코칭할 때 실행 계획을 논의한다.

4 자신이 최선을 다해 훌륭한 성과를 내고, 큰 영향력을 발휘했던 때를 생각해본다. 어떤 상황이었는가? 어떤 업무를 했고, 어떤 리더십 스타일을 보여주었는가? 성과를 개선할 수 있게 해준 또 다른 요인은 무엇인가? 열정과 가치관 등 최고의 성과를 끌어내는 요인은 어떤 것이라고 생각하는가?

5 다른 사람들의 능력을 최대로 끌어냈던 경험을 떠올려본다. 어떻게 동기를 부여했는가? 리더십 스타일은 어땠는가? 상대가 능력을 최대한 발휘하도록 만든 다른 요인은 무엇인가? 이 상황을 돌아보면서 자신의 철학과 가치관, 동기부여 방식 등에 대해 어떤 교훈을 얻었는가?

리더의 질문 체계

· 전략적 방향과 선택

비전과 우선순위
어디로 가는지 알면 훨씬 더 쉽게 갈 수 있다(1장)

↕

· 중요한 리더십 프로세스

시간 관리
비전과 우선순위가 시간 배분을 결정해야 한다(2장)

코칭과 피드백
유능한 리더는 사람들을 코치하고 적극적으로 코치를 받는다(3장)

승계 계획과 위임
승계 계획을 세워라(4장)

평가와 일치
백지상태에서 기업을 평가하는 용기(5장)

↕

· 리더 되기

역할 모델로서의 리더
진정한 믿음과 가치를 전달하라 (6장)

최대 역량 발휘하기
진정한 내 모습 찾기(7장)

↔

· 질문과 성찰 프로세스 개발

삶의 균형을 되찾는 방법
시야를 넓히는 연습(8장)

중요한 질문하기

↓

성찰과 토론을 위한 공간 만들기

↓

실행 계획 실천에 옮기기

↓

결과
· 깊어진 통찰력
· 넓어진 관점
· 판단력 개선
· 의사결정 향상
· 후속 질문

이 책의 아이디어와 콘셉트는 지난 수십 년의 다채로운 경험에 서 나왔습니다. 수많은 멘토, 코치, 친구, 친구, 동료, 고객, 학생들 에게 신세를 졌는데, 그들과의 인연이 모두 소중합니다. 지혜와 경 험과 어려움을 나눠준 그들의 넓은 마음씨에서 나는 많은 것을 배 웠고, 그것은 이 책의 탄탄한 토대가 되어주었습니다.

골드만삭스에서 커리어를 시작한 것은 크나큰 행운이었습니다. 그 회사와 거기서 만난 리더들의 모습을 보면서 갖게 된 비즈니스 철학과 접근법을 22년 동안 다양한 리더의 직위에서 테스트해 볼 수 있었으니까요. 골드만삭스의 훌륭한 고객들은 업무 관계를 넘어 서 그들의 시간과 지혜, 아이디어를 기꺼이 나눠주었습니다. 그곳 의 고위 리더들뿐만 아니라 많은 고객들이 내가 관리 능력과 리더십 기술을 개발하는 데 중요한 역할 모델 역할이 되어주었습니다.

하버드 비즈니스 스쿨 동료들에게도 깊은 감사의 마음을 전합니다. 하버드는 2005년에 나에게 교수가 될 수 있는 기회를 주었습니다. 그리고 내가 좋은 교수가 될 수 있도록 물심양면으로 지원해주었습니다. 문제의 틀을 짜는 방법, 효과적으로 토론을 이끄는 방법, 리더들의 성과 개선을 도와주는 방법을 코칭해주었습니다. 동료 교수들은 대단히 관대하고 완벽한 사상가들이며 현실 세계를 좀 더 나은 곳으로 만드는 방법에 많은 관심을 갖고 있습니다. 나 역시 그들에게 큰 자극을 받아 기술을 개발하고 배우는 일을 멈추지 않게 되었습니다. 특히 이 책의 원고를 검토해주고 꼭 필요한 피드백을 해준 니틴 노리아Nitin Nohria, 빌 조지Bill George, 보리스 그로이스버그Boris Groysberg, 란제이 굴라티Ranjay Gulati, 크리스 마르키스Chris Marquis에게 감사를 전합니다.

강의 경험은 내가 이 책을 쓰는 데 큰 영향을 주었습니다. 하버드에서 강의를 하게 된 후로 MBA 과정 학생들은 물론 다양한 직급의 간부들을 가르칠 기회가 생겼고, 다양한 리더십과 전략, 경쟁 과제를 접할 수 있었습니다. 간부들과의 상호작용은 리더십에 대해 많은 것을 가르쳐주었고 성과 개선과 관련한 여러 가지 방법을 실험할 수 있는 훌륭한 실험실이 되어주었습니다.

리더십과 개인의 개발 잠재력에 관한 기사를 쓸 기회를 준《하버드 비즈니스 리뷰Harvard Business Review》에도 감사의 마음을 전합니다. 제프 키호Jeff Kehoe와 그의 동료들인 에린 브라운Erin Brown, 코트니 캐시먼Courtney Cashman, 엘렌 피블스Ellen Peebles, 앨리슨 피터Allison Peter는 내가 그 기사들을 토대로 더 많은 이야기를 할 수 있게 해주었고, 이 책이 탄생하기까지 큰 도움을 주었습니다.

편집자 제프 크루생크Jeff Cruikshank의 도움이 없었다면 이 책을 쓰지 못했을 것입니다. 제프는 그 자신도 뛰어난 작가이면서, 최고의 코치와 멘토, 편집자입니다.

오랫동안 함께한 나의 유능한 비서 샌디 마틴Sandy Martin에게도 감사를 전합니다. 내가 효율적으로 업무를 처리할 수 있는 것은 전부 그녀의 덕분입니다. 그리고 모든 업무를 훌륭하게 처리해준 HBS의 내 어시스턴트 제인 배럿Jane Barrett에게도 고마움을 전합니다. 이 두 사람은 내가 이 책을 작업한 2년 동안 큰 도움을 주었습니다.

원고를 읽어봐주고 여러 가지 조언을 해준 캐런 벨지오바인Karen Belgiovine, 마이클 다이아몬드Michael Diamond, 헤더 헨릭슨Heather Henriksen, 콜린 카프탄Colleen Kaftan, 알린 케이건Arlene Kagan, 스콧 리처드슨Scott Richardson, 웬디 와이너Wendy Winer 그리고 데이비드 와이너David Winer에게도 감사의 말을 전합니다.

마지막으로 언제나 변함없는 사랑과 지지를 보내주는 우리 가족과 부모님께 감사드립니다. 그들의 철학과 가치관, 조언이 이 책에도 그대로 깃들어 있습니다.

1장. 무엇을 기준으로 결정할 것인가

1   다음의 자료 참조하라. James C. Collins and Jerry I. Porras, "Building Your Company's Vision," *Harvard Business Review*, September-October 1996, 65-77; John P. Kotter, "What Leaders Really Do," *Harvard Business Review*, December2001, 85-97.

2   Martin Luther King, Jr., "I Have a Dream," August 28, 1963, Washington, D.C.

3   Robert Steven Kaplan, Christopher Marquis, and Brent Kazan, "The Miami Project to Cure Paralysis," Case 9-408-003(Boston: Harvard Business School, 2008).

4   Barack Obama, keynote address, Democratic National Convention, Boston, MA, July 27, 2004.

5   다음의 자료 참조하라. http://www.teakfellowship.org/.

6   다음의 자료를 참조하라. http://www.ifoapplestore.com/the_stores.html.

7   다음의 자료를 참조하라. http://www.ge.com/company/culture/ leadership_learning.html.

8   Robert Steven Kaplan and Sophie Hood, "Bob Beall at the Cystic Fibrosis Foundation," Case 9-409-107(Boston: Harvard Business School, 2009).

2장. 시간을 어떻게 배분하고 활용할 것인가

1   Stephen R. Covey, *The Seven Habits of Highly Effective People: Restoring the Character Ethic*(New York: Simon and Schuster, 1989).

3장. 어떻게 배우고 발전하는 조직을 만들 것인가

1   다음의 자료를 참조하라. John J. Gabarro and Linda A. Hill, "Managing Performance," Case 9-496-022(Boston: Harvard Business School, 2002); Leslie A. Perlow, Scott A. Snook, and Brian J. Delacey, "Coach Knight: The Will to Win," Case 9-405-041(Boston: Harvard Business School, 2005); Leslie A. Perlow, Scott A. Snook, and Brian J. Delacey, "Coach K: Matter of the Heart," Case 9-406-044(Boston: Harvard Business School, 2005).

4장. 필요한 사람을 어떻게 키울 것인가

1   Doris Kearns Goodwin, *Team of Rivals: The Political Genius of Abraham Lincoln*(New York: Simon & Schuster, 2005).

2   Linda A. Hill and Maria T. Farkas, "Note on Building and Leading Your Senior Team," Case 9-402-037(Boston: Harvard Business School, 2002).

5장. 현재 상태를 어떻게 평가하고 바꿀 것인가

1 다음의 자료를 참조하라. Michael L. Tushman and David A. Nadler, *Competing by Design: The Power of Organizational Architectures*(New York: Oxford University Press, 1997). 또한 다음의 자료를 참조하라. Linda A. Hill, "Note for Analyzing Work Groups," Case 9-496-026(Boston: Harvard Business School, 1998); Michael L. Tushman and Charles A. O'Reilly III, "Managerial Problem Solving: A Congruence Approach," 2430BC(Boston: Harvard Business School Press, 2007).

2 William W. George and Andrew N. McLean, "Anne Mulcahy: Leading Xerox Through the Perfect Storm," Case 9-405-050(Boston: Harvard Business School, 2005). 또한 다음의 자료를 참조하라. "Xerox Corporation: Anne Mulcahy, Chairman & CEO, Leadership & Corporate Accountability class," video, product numbers 9-408-714 (DVD) and 9-408-715 (VHS) (Boston: Harvard Business School, 2008).

6장. 조직의 인재상을 어떻게 정립할 것인가

다음의 자료를 참조하라. Linda A. Hill, "Becoming the Boss," *Harvard Business Review, January* 2007, 48-56.

7장. 어떻게 자신부터 좋은 사람이 될 것인가

1 Laura Morgan Roberts, Gretchen Spreitzer, Jane Dutton, Robert Quinn, Emily Heaphy, and Brianna Barker, "How to Play to Your Strengths," *Harvard Business Review*, January 2005, 74-80.
다음의 자료를 참조하라. Warren G. Bennis and Robert J. Thomas,

"Crucibles of Leadership," *Harvard Business Review*, September 2002, 39-45; William W. George, *True North: Discover Your Authentic Leadership*(San Francisco: Jossey-Bass, 2007); Daniel Goleman, "What Makes a Leader?," *Harvard Business Review*, January 2004, 82-91; Roderick M. Kramer, "The Harder They Fall," *Harvard Business Review*, October 2003, 58-66.

옮긴이 | 정지현

스무 살 때 남동생의 부탁으로 두툼한 신시사이저 사용설명서를 번역해준 것을 계기로 번역의 매력과 재미에 빠졌다. 현재 미국에 거주하며 출판번역 에이전시 베네트랜스 전속 번역가로 활동 중이다. 옮긴 책으로는 『마흔이 되기 전에』, 『지금 하지 않으면 언제 하겠는가』, 『타이탄의 도구들』, 『5년 후 나에게』, 『그해, 여름 손님』, 『하루 5분 아침 일기』, 『나는 왜 너를 사랑하는가』, 『헤드 스트롱』, 『단어 탐정』, 『나를 알아가는 중입니다』, 『차별화의 천재들』 등이 있다.

내 책상 위의 위대한 멘토

리더십 탐독

초판 1쇄 발행 2022년 11월 11일

지은이　　로버트 S. 캐플런
옮긴이　　정지현
펴낸이　　서재필

펴낸곳　　마인드빌딩
출판신고　2018년 1월 11일 제395-2018-000009호
주소　　　서울특별시 마포구 월드컵북로 400 (상암동) 5층 5호
전화　　　02)3153-1330
이메일　　mindbuilders@naver.com

ISBN 979-11-90015-48-6 (03320)

- 책값은 뒤표지에 있습니다.
- 잘못된 책은 구입하신 곳에서 바꿔드립니다.

마인드빌딩에서는 여러분의 투고 원고를 기다리고 있습니다. 출판하고 싶은 원고가 있는 분은 mindbuilders@naver.com으로 기획 의도와 간단한 개요를 연락처와 함께 보내주시기 바랍니다.